Der Stinke finger

Prof. Dr. Reinhard Krüger

Der *Stinke* *finger*

Kleine Geschichte
einer wirkungsvollen Geste

Galiani Berlin

Verlag Kiepenheuer & Witsch, FSC® N001512

1. Auflage 2016

Verlag Galiani Berlin
© 2016, Verlag Kiepenheuer & Witsch, Köln

Umschlaggestaltung: Manja Hellpap und Lisa Neuhalfen, Berlin
Umschlagmotiv: © Werner Scheuermann
Bildmotiv Innentitel: © Ai Weiwei
Lektorat: Wolfgang Hörner
Gesetzt aus der Garamond Premier Pro von Robert Slimbach
Satz: Buch-Werkstatt GmbH, Bad Aibling
Druck und Bindung: CPI books GmbH, Leck
ISBN 978-3-86971-123-2

Weitere Informationen zu unserem Programm finden Sie
unter www.galiani.de

Inhalt

I

Der Stinke finger als solcher

Anstelle eines Vorworts:
Wer darf wem den Mittelfinger zeigen?

Am 15. Mai 2013 tritt der griechische Wirtschaftswissen-schaftler und spätere griechische Finanzminister Yanis Varoufakis auf dem *6th Subversive Festival* in Zagreb auf. Anlass dieses Auftritts ist die Publikation seines Buches *Confessions of an erratic Marxist*.

Zunächst wird er von einem Moderator zu seinem Buch interviewt, dann werden Fragen der Zuschauer zu-gelassen, bevor er ans Rednerpult tritt, und noch selbst einen Vortrag hält.

Während des Vortrags sagt er, was Griechenland auf dem Höhepunkt der Euro-Krise des Jahres 2010 hätte tun sollen: aus dem Euro aussteigen und der Eurozone und Deutschland den Mittelfinger zeigen. Wörtlich sagt er: »My proposal was that Greece should simply announce it was defaulting within the Euro in 2010 and stick the finger to Germany and say: well you can solve this problem yourself.« In der Rede ist deutlich zu hö-ren, dass er sagt »and stick the finger to Germany«. Dieser Satz ist das verbale Äquivalent des ausgestreck-ten Mittelfingers, den er dann auch tatsächlich als rede-begleitende Geste zeigt – und zwar rasch und behände ausgeführt, in einer ihrer mediterranen Varianten: Zeige- und Ringfinger werden nur bis zum ersten Glied heruntergeklappt und repräsentieren so die Testikeln

Yanis Varoufakis   *Griechische*
während seiner Rede   *Herme*

eines wie an einer griechischen Herme nach oben gerichteten Phallus.

Eine Manipulation des Videos ist nicht erkennbar, aber
was soll's: Der Mittelfingergestus befindet sich in Griechenland sowieso eher auf einem der unteren Ränge der Obszö-
nitätsskala. Viel schlimmer wäre dort die in Richtung des
Beleidigten geöffnete Hand, die *moutza*. Die Handöff-
nung ist nämlich das Letzte, was der Beleidigte noch sieht,
bevor er vom Dreck getroffen wird, den die Hand geworfen
hat, so eine landläufige Erklärung dieser Geste.

Im Film des Varoufakis-Auftritts schwenkt die Kamera
während des Frageteils auf das Publikum. Genau bei Minute 37′13″ erkennt man im Hintergrund ein Plakat zum
Film *Never sorry* des Multikünstlers Ai Weiwei. Es zeigt
Ai Weiweis zum Stinkefinger geformte Hand, die über
den Tian'anmen-Platz hinweg auf das Gebäude des chinesischen Volkskongresses gerichtet ist. Und genau dieses
Bild hatte Yanis Varoufakis etwa 40 Minuten lang während der Diskussion in Zagreb vor Augen, bis er selbst die
Mittelfingergeste zeigte.

Blick ins Auditorium während der Konferenz in Zagreb.
Im Hintergrund an der Wand das Filmplakat Ai Weiweis

Ob er gewollt hat oder nicht: Varoufakis wird dadurch beeinflusst worden sein. Dies hat mit den sogenannten Spiegelneuronen zu tun. Menschen bilden bei der Wahrnehmung von Bewegungen, ja sogar von deren photographischen Wiedergaben analoge neuronale Aktivierungsmuster, als wären sie selbst jene, welche diese Bewegungsmuster ausführten. Es entstehen ganz unvermeidlich in uns analoge neuronale Aktivierungsmuster.

Ai Weiwei, Photo für das Plakat seines Films
»Never sorry« (2012)

Georgios Nakos: Moutza, die beleidigendste
Geste der Griechen

Diese disponieren uns dazu, erstens diese Bewegungsmuster zu identifizieren, zweitens deren Bedeutung nach den uns verfügbaren Interpretationsregeln zu erkennen und schließlich drittens, diese entsprechenden Bewegungen auch selbst ausführen zu können.

Selbst wenn Varoufakis dem Ai-Weiwei-Plakat keine Aufmerksamkeit geschenkt hätte, wird dessen Mittelfingergeste auf ihn so gewirkt haben, dass er dazu disponiert wurde, diese Geste auch selbst zu verwenden. Und auf einem ›subversiven‹ Festival, wie dem in Zagreb, gehört eine anders geartete Kommunikation als die, die üblicherweise in der Öffentlichkeit stattfindet, fast zum guten Ton. Der Einsatz einer Geste aus dem Register des Obszönen, wie eben der Stinkefinger, liegt dort nahe.

Und, wie bereits gesagt: Der Mittelfinger ist in Griechenland gar nicht so schlimm. Er steht weit unter der *moutza,* der zum Beleidigten hin ausgestreckten, geöffneten Handinnenfläche. Und bemerkenswerterweise zeigt Varoufakis seit dem medial aufgebauschten ›Mittelfin-

Georgios Nakos: Bras d'honneur/»Fick dich, du Wichser.«

Georgios Nakos: Bras d'honneur/»Fick dich, du Wichser.« Variante mit Mittelfinger

ger-Gate‹ vermehrt die ausgestreckte Handinnenfläche gegen Photographen beispielsweise, die ihm nachstellen. Wohingegen der nicht griechische Promi dem lästigen Photographen immer den Mittelfinger zeigen würde. Dieser kommt auch erst nach dem *bras d'honneur,* der zum Beleidigten ausgestreckte Unterarm, der ebenfalls eindeutig phallisch konnotiert ist und entweder verbal explizit mit dem griechischen Wort für »fuck you« oder »fick dich« begleitet oder wenigstens entsprechend decodiert wird. Aus der Faust des *bras d'honneur* kann dann auch gelegentlich mal ein die Geste begleitender und verstärkender Mittelfinger herausragen.

Der *bras d'honneur* ist – wie der Stinkefinger – im ganzen nördlichen Mittelmeerraum verbreitet. Im Gegensatz zur spanischen Variante, bei der die Hand des einen Armes auf den Bizeps des anderen gelegt wird, wird er in Griechenland so ausgeführt, dass die Hand in der Ellenbeuge landet. Der Mittelfingergestus steht, wie gesagt, auf der Skala des Offensivcharakters der Gesten noch eine Stufe tiefer – auch wenn er einst das größte Skandalon in der antiken griechischen Körpersprache war. Er ist im Laufe der Jahrhunderte aber abgesunken auf den dritten Rang. Eigentlich wird der Mittelfingergestus heute gar nicht als zur griechischen Körpersprache gehörig wahrgenommen. Eine Beleidigung, die ein Grieche mit körpersprachlichen Zeichen ausführen würde, würde immer mit der *moutza* oder aber mit dem ausgestreckten Arm nach dem Modell des *bras d'honneur* durchgeführt werden.

Dies legt – vor allem im Kontext der von Varoufakis auf Englisch gehaltenen Rede, und des mit »Never sorry« englisch beschrifteten Plakats – nahe, seine Äußerung »and give the finger to Germany«, begleitet von der Mittelfingergeste nicht als griechische, sondern angloamerikanische Beleidigung, gewissermaßen also als fremdsprachliches Zitat zu interpretieren. Doch was bedeutet der Mittelfinger im angloamerikanischen Raum und wie kam die Geste überhaupt zu ihrer Bedeutung? Schauen wir die Sache einmal genauer an.

Mittelfingergestus

In einem noch nicht geschriebenen Lexikon der Körpersprache könnte ein Eintrag zum Lexem *Mittelfingergestus* etwa so aussehen:

Mittelfingergestus: vulg. / fam. ›Stinkefinger‹, gr. ›καταπύγονα‹ od. ›κωλοδάχτυλο‹, lat. *digitus impudicus,* dt. ›Stinkefinger‹, engl. ›the finger‹ od. ›flipping the bird‹, frz. ›doigt d'honneur‹, is. ›að gefa e-m fingurinn‹, no. ›å vise langfingeren‹, russ. ›средний палец‹, schwed. ›att göra fingret‹, slov. ›ukáza' n-mu prostredník‹, span. ›corte de manga‹ oder ›la peineta‹.

Grundfunktion: Nachahmung der Gestalt des erigierten männlichen Genitals (Vorberg: 1965, 149).

Artikulation: Aus der Faust der geschlossenen Hand wird der Mittelfinger gerade herausgestreckt. Wir kennen keine antiken Darstellungen dieser Gebärde, doch ist es sehr wahrscheinlich, dass die Hand bei der Ausübung der Gebärde zunächst so gehalten wurde, dass das in der antiken Plastik, beispielsweise in den Hermen, konventionalisierte Bild des nach oben gerichteten erigierten Phallus mit den Mitteln der gestischen Ideographie nachgebildet wurde.

Herkunft: Die Gebärde dürfte sehr alt sein. Es sind bereits aus dem Paläolithikum einige Bilder erhalten, in denen die Konfrontation von männlichen Gestalten mit erigiertem Phallus und gefährlichen Tieren zu erkennen ist. Inwiefern hier der erigierte Phallus nur Bildzeichen ist, um die männliche Gestalt zu kennzeichnen, kann nicht mit Sicherheit gesagt werden. Morphologisch und phänomenologisch betrachtet können wir hier aber zweifelsfrei die Konstellation von Gefahr und erigiertem Phallus identifizieren. Die Zurschaustellung des Phallus oder seine demonstrative Vergrößerung durch entsprechende Bestandteile der Kleidung vom Penishalter archaischer Kulturen bis zum Hosenlatz der mittelalterlichen und frühneuzeitlichen Männerkleidung und darüber hinaus macht derartige Verhaltensweisen manifest. Vor diesem Hintergrund erscheint die Gebärde, mit welcher der erigierte Phallus ideographisch-gestisch repräsentiert wird, als ein euphemistisches Substitut der Körpergebärde des Phalluszeigens. Die Kontexte, aus denen die Gebärde in der Antike belegt ist, weisen alle auf Konfliktsituationen und die schadensabwehrende Funktion dieser Gebärde hin.

Der Mittelfinger aus sprachwissenschaftlicher und zeichentheoretischer Sicht

Gesten sind wie Worte Zeichen, mit denen Menschen ihre Vorstellungen von Sachverhalten repräsentieren und die sie anderen Menschen vorführen, damit sie ihnen ihre Vorstellungen auch vermitteln können. Gesten selbst sind stumme Zeichen, auch wenn man durchaus zusätzliche Töne wie ein herzliches »fuck you«, »piss off«, »va te faire foutre«, »puta madre«, »va f'ancullo« dazu loswerden kann.

Die Voraussetzung zum Verständnis von Gesten wie von Worten ist, dass die Kommunikationspartner über die gleichen Informationen verfügen, die ihnen die Decodierung dieser Zeichen gestatten. Wer in Mexiko einem Busfahrer fröhlich zuwinkt, um ihn zum Halten zu bewegen, wird seinen Gruß freundlich erwidert sehen, doch vom Anhalten des Busses keine Spur. Da hat wohl etwas mit der Entzifferung des Codes nicht geklappt, oder anders gesagt: In Mexiko bedeutet dieses Zeichen etwas anderes als in Europa: eben nur einen Gruß und keine Bitte, den Bus anzuhalten. Oder: Wer mühselig einige Brocken slawischer Sprachen in einem Sofioter Restaurant zur Bestellung eines Kaffees zusammenbekommt, und davon überzeugt ist, alles mehr oder weniger richtig gemacht zu haben, der wird irritiert erleben müssen, wie die Kellnerin kopfschüttelnd von dannen eilt. Was ging da schief?, wird er sich fragen. Aber wenige Minuten später wird dem erstaunten Gast nun doch ein Kaffee gebracht. Bejaht wird in Bulgarien nämlich mit Kopfschütteln, und zwar so, wie es auch die Inder tun: Es wird der Kopf weniger geschüttelt als vielmehr das Kinn um eine imaginäre Achse, die etwa an der Nasenwurzel liegt, hin- und hergedreht.

Körpersprachliche Zeichen sind also genauso interpretationsbedürftig wie Worte oder jedes andere Zeichen eines Kommunikationssystems.

In der Wissenschaft werden Gesten unter dem Gesichtspunkt ihrer Herkunft, ihrer geschichtlichen Entwicklung, ihrer Morphologie (also ihrer inneren Struktur), ihrer Bedeutung und ihrer kommunikativen Funktion, d. h. vor allem ihrer Pragmatik beschrieben und analysiert. Mit dieser Fragestellung erreichen wir schließlich das Feld der Soziolinguistik, d. h. aller Fragen, die sich mit der situativ bedingten Bedeutung von sprachlichen Zeichen und der sozialen Codierung der Repertoires von Zeichen befassen, die von verschiedenen Gruppen von Menschen sozial akzeptiert verwendet werden dürfen.

Früher nahm man an, dass die Körpersprache und die Gesten die früheste Form der Kommunikation gewesen seien, während die Zeichen der Rede erst später entwickelt worden sind. Diese Vorstellung hatte damit zu tun, dass man nur die menschliche Rede, so wie wir sie heute kennen, als eigentliche Sprache anerkannte. Früheren Entwicklungsstufen der Menschheit wurde die Fähigkeit zur Rede abgesprochen, weil man annahm, die biologischen Voraussetzungen dazu seien nicht gegeben gewesen. Diese Auffassungen werden von der modernen evolutionären Anthropologie infrage gestellt. Man hat neuerdings beobachten können, dass auch nicht menschliche Primaten zur gestischen Kommunikation imstande sind, und hierbei insbesondere die Geste des Zeigens verwenden. Leben sie in Gemeinschaft mit Menschen, dann lernen sie auch deren Zeichen gestischer Kommunikation. Sie sind daher entsprechend ihrer individuellen Sensibilität, ihres Interesses und ihrer Lernfähigkeit zu systematischem Gebrauch von konventionalisierten Zeichen der gestischen Kommunikation von Menschen imstande.

Sie verfügen ebenfalls über eine differenzierte verbale Sprache, denn sie benutzen von Population zu Population verschiedene Lautzeichen, mit denen sie sehr konkrete Dinge und auch Sachverhalte benennen können und die Mitglieder ihrer Gesellschaft darüber informieren.

Es gibt eine ganze Reihe von Gesten, die die gleiche oder eine fast identische Funktion wie die des Mittelfingergestus aufweisen. Auch diese Gesten werden wir hier beleuchten. Insgesamt können wir sie als die Familie der phallischen Gesten bezeichnen. Eine phallische Geste bildet mithilfe der Finger oder Armstellung das männliche erigierte Genital nach. Dazu gehört gleichsam in Vergrößerung, Erweiterung und Verdoppelung der Mittelfingergeste die in Frankreich sogenannte Geste des *bras d'honneur.* Diese Geste wird in den Kulturen, in denen sie verwendet wird, regelmäßig mit einer äquivalenten Bedeutung wie »fick dich« oder »ich ficke dich« oder »ich habe dich gefickt« übersetzt und auch entsprechend verstanden.

Bei einer anderen Geste der sogenannten ›Fica‹, also Feige, wird der Daumen durch die Öffnung zwischen Zeige- und Mittelfinger gesteckt, das gestische Äquivalent dazu, dass ein Penis in die Vulva eindringt. Da diese Geste immer auch mit hochgehaltenem oder ausgestrecktem Arm vollzogen wird, ist hier sogar von Hause aus die Verdopplung zwischen Arm und Handfeige vorhanden. Diese Geste kann die Mittelfingergeste ersetzen, da sie die gleiche Funktion hat wie der Mittelfingergestus selbst.

Es gibt eine weitere Sorte von Zeichen, die in diesem Kontext mit Berücksichtigung finden müssen, nämlich alle Ausdrücke verbaler Sprache, die entweder Gesten begleiten oder die gestische Artikulation abschließen oder aber auch nur in Ansätzen ausgesprochen die Bedeutung dieser Geste verbal transportieren. Nach den Prinzipien unserer globalisierten Kommunikation ist der Mittelfingergestus mit »fuck you«, also »fick dich« oder Ähnlichem in anderen Sprachen zu übersetzen. Bisweilen wird aber parallel zum Mittelfingergestus, dem *bras d'honneur* oder der *fica* eine verbale Äußerung wie »fuck you« oder »fick dich« ausgesprochen.

Den frühesten Beleg dazu finden wir bereits in den *Carmina Priapea* aus lateinischer Tradition. In einem Gedicht dieser Sammlung droht der phallische oder ithyphallische Hirtengott Pan jemandem, der ihn beleidigt, an, ihn in den Mund zu ficken, während er seinen Phallus drohend erhebt und dazu den Mittelfinger ausstreckt.

Die verbale Äußerung »fuck you« oder »fick dich« muss aber nicht explizit ausgesprochen werden – sie kann auch lediglich dadurch angedeutet werden, dass die obere Zahnreihe auf die Unterlippe gelegt wird, und zwar so, als setze man zu dieser Äußerung an, ohne sie jedoch zu tätigen.

Zur Erforschung der Geschichte der Gesten gehört nicht nur die Untersuchung der Verschiedenheit ihrer Artikulation in verschiedenen Kulturen, sondern auch die Veränderung ihrer Form und ihrer Bedeutung im Laufe der Geschichte. Das ist nicht leicht, denn körpersprachliche Handlungen, beispielsweise ein Kopfschütteln, hinterlassen im Raum und in der Zeit keinerlei dauerhaft sichtbare Spur. Es gibt kaum schriftliche und nur wenige Bildzeugnisse körpersprachlicher Aktivitäten.

Es gibt allerdings noch eine zweite Möglichkeit, auf einst verwendete Gesten zu schließen, z.B. auf der Grundlage der Gestalt von Gerätschaften, mit denen Menschen gearbeitet haben. Als Beispiel mag man dafür einen Becher nehmen. Dieser kann je nach Beschaffenheit nur auf eine bestimmte Art und Weise angefasst worden sein. Wenn man rekonstruieren will, wie die Geste des Trinkens in der Kultur bzw. in der Zeit, in der solche Becher verwendet wurden, wohl ausgesehen haben mag, dann kann man aufgrund der Beschaffenheit eines solchen Bechers Rückschlüsse ziehen. Freilich gibt es nur sehr wenige Beispiele aus der Vergangenheit, die es uns gestatteten, eine gesicherte Serie von Belegen zu rekonstruieren, mit der man solche Vermutungen über die Kontinuität und Tradition von Gesten bestätigen kann.

Die Mehrzahl der Gesten wird nicht durch eine spezielle Lehre oder Institution vermittelt, sondern im Alltag in der praktischen Kommunikation und Interaktion zwischen Menschen von einem Individuum an die anderen oder aber von einer Generation an die nachfolgende weitergegeben. Dies findet, wie wir seit einigen Jahren wissen, auf dem Weg über die Funktionen der Spiegelneuronen statt. Menschen schauen sich solche Gesten gewissermaßen einfach ab, man kann also guten Gewissens aus der weit verbreiteten Existenz bestimmter Gesten schließen, dass es sie auch schon früher gab.

Als Beispiel für die Wirkmächtigkeit von Traditionen, selbst bei Abwesenheit von entsprechenden Quellen, können wir uns die Geschichte des Würfels anschauen. Bereits in der babylonischen Antike wurden Würfel nach dem gleichen Modell der Aufteilung der Punkte auf den Würfelflächen hergestellt wie heute, allerdings ohne dass wir wüssten, auf welchem Wege das Wissen um die Herstellung und Einrichtung der Würfelzahlen tradiert worden wäre. Es sind keine schriftlichen Anleitungen für die Verfertigung von Würfeln erhalten, aber das Wissen wurde höchstwahrscheinlich auch einfach durch die praktische Anschauung bei ihrer Verfertigung von Generation zu Generation weitergegeben, ein durch die Praxis über die Generationen hinweg vermitteltes Wissen.

Analog dazu wurden wohl auch die Zeichen der Körpersprache über die Jahrhunderte und Jahrtausende weitergegeben. Tradition bedeutet jedoch nicht, dass es keine Veränderungen geben kann. Das Beispiel des ausgestreckten Mittelfingers, der in der griechischen Antike die schlimmste Beleidigung darstellte, jetzt aber nicht mehr als besonders beleidigend empfunden wird, belegt derartige Transformationsprozesse.

II

Anthropologisches
Archaisches
Phallisches

Priapus als ithyphallischer
Gartengott, Pompeji,
1. Jh. u. Z.

Können nur *Menschen* den *Mittelfinger zeigen?*

Wer den ausgestreckten Mittelfinger zeigt, der zeigt symbolisch den erigierten Penis. Eine Geschichte des ausgestreckten Mittelfingers muss also die Geschichte des erigierten Phallus wenigstens in ihren frühgeschichtlichen Konturen nachzeichnen.

Das Phalluszeigen gehört schon bei nicht menschlichen Primaten zum Machtgebaren.

Und auch beim Menschen kann man dergleichen beobachten: In Papua-Neuguinea etwa werden die Penisse mit einer zusätzlichen Kalebasse versehen, die sie in teilweise grotesker Form überdimensional verlängert. Wir können in der Phalluspräsentation bei den Papua die gleichen Intentionen vermuten, die auch den ithyphallischen Darstellungen in den archaischen Kulturen Europas zugrunde liegen. Hier werden Bilder von männlichen Gestalten mit übergroßen Phalloi in die Felswände geschlagen, hier finden wir noch in Pompeji Darstellungen von männlichen Gestalten mit bald beinlangen Phalloi, und hier finden wir vor allem in Gestalt der schadensabwehrenden Hermen in Gartenanlagen und des Gartengotts Priapos und Ähnlichem ebenso überdimensionierte Phalloi als sogenannte ›apotropäische Zeichen‹, als schadensabwehrenden Zauber.

Man bedient sich der symbolischen und magischen

Macht des Phallus, um Schaden von der eigenen Sache abzuwehren. Wer sich kunstvolle, prächtige und sicherlich auch sehr aufwendige apotropäische Phalloi leisten kann, der verfügt mit Sicherheit auch über das ökonomische Potenzial und die entsprechende Logistik, mit der man einen unliebsamen Eindringling verjagen oder verfolgen kann.

Wenn man so will, dann ist der Einsatz des Phallus oder auch nur der Einsatz der Simulation des Phallus in Gestalt des Stinkefingers oder des drohend ausgestreckten Armes nichts anderes als das Machtgebaren der Primaten.

Und wir können in den noch heute unter Männern umgehenden Mythen, wonach man doch mindestens die berühmten 20 Zentimeter vorweisen können sollte, um eine Frau zu beeindrucken und zu gewinnen, Rudimente des phalluszentrierten Prima- tenverhaltens er- kennen.

Phallus, Schwert und Mittelfinger

Menschen sind, und das ist einer der evolutionären Vorteile, wie keine anderen Primaten, imstande, Vergleichbares miteinander zu vergleichen. Und sie sind nicht nur dazu imstande, sondern das Gehirn führt ihnen die Gegenstände der Wahrnehmung beständig auch als vergleichbar vor und veranlasst sie zu entsprechenden intellektuellen Operationen. Die kognitiven Fähigkeiten des Menschen beruhen auf der Abstraktion, Generalisierung, Klassifizierung und schließlich auch der metaphorischen und modellhaften Vergleichung der Dinge miteinander. Das spart den Gehirnbrennstoff Adenosinsäuretriphosphat (ATP) und lässt Ressourcen für andere Aufgaben unangetastet.

Die ältesten Darstellungen von Kämpfenden, die wir vor allem aus stein- und bronzezeitlichen Höhlenmalereien (deren Alter man auf ca. zwei- bis viertausend Jahre vor unserer Zeitrechnung schätzt) in einigen Hochplateaus der Alpen kennen, zeigen Kämpfer mit riesigen Phalloi und gegebenenfalls mit noch riesigeren Waffen, allen voran Lanzen und Schwertern.

Die Vorstellung von der phallischen Symbolik der Waffen dürfte sich vom Primatenverhalten des Phalluszeigens als Machtgebärde auf die Apparatschaften des

*Petroglyphe ithyphallischer Krieger
mit Lanze, Mittlere Eisenzeit,
(ca. 5. Jh. v. u. Z.) Haute
Maurienne, Frankreich*

Krieges übertragen haben. Was der Phallus kann, das kann die Waffe natürlich auch, nur noch durchschlagender und tödlicher. Dabei ist die Waffe eigentlich ja aber die apparative Verlängerung der Faust. Freilich zeigt die Urszene des Waffenganges in Steinzeichnungen, die wir auf das 1. Jh. v. Chr. datieren können, Gestalten beim Faustkampf, die auch über riesige Penisse verfügen.

*Faustkämpfer, Petroglyphe aus dem Valle Camonica,
Italien, ca. 1. Jh. v. u. Z.*

Faustkämpfe waren auch noch bei den Griechen der Antike sehr beliebt. Hier traten Macht, Männlichkeit und der Körper als Waffe aufeinander. Dabei kam es zu einer Überlagerung der Bedeutungen und Formen, die in den Kampf geführt wurden: Phallus, Faust, Mittelfinger und Waffe erschienen in archaischen Zeiten als gleichwertig, was der heute kaum noch gelesene Psychoanalytiker Georg Groddek so zusammenfasste: »Das Wichtige aber ist, dass die Griechen unter *pygme* nicht unsere Faust verstanden, sondern die geballte Hand mit ausgestrecktem Mittelfinger; das aber ist eins der typischen Phallussymbole, besser Symbol des Mannes mit erigiertem Glied, der Faustkampf wäre damit der Kampf erregter Männer um das Weib.« Dieser Umstand wird durch eine Steinzeichnung veranschaulicht, die zwar keine Griechen, wohl aber eine Kampfpraxis zeigt, wie sie auch derjenigen des archaischen Griechenland entsprach.

Groddeks Beobachtung steht im Kontext der Psychoanalyse, für ihn ist die Befriedigung des Sexualtriebs ein Motor des menschlichen Daseins. An der kulturgeschichtlichen Richtigkeit seiner Vermischung der Bedeutungsfelder Phallus, Faust, Mittelfinger und Waffe dürfte jedoch nicht zu zweifeln sein, zumal die erhaltenen Bilder aus archaischsten Zeiten genau diese Äquivalenzen bestätigen.

Die semantische Verschmelzung von Waffe und Phallus hat auch den Eintritt in die Eisenzeit überlebt. Wir finden auf der Verzierung einer Urne aus dem 1. Jh. u. Z. die Darstellung eines Gladiatorenkampfes. Dabei führt der Schwertkämpfer zugleich mit dem Schwerthieb die uns inzwischen wohlbekannte Geste aus: Er streckt aus der geschlossenen Hand, mit der er das Schwert ergreift, den Mittelfinger heraus, als gelte es, den phallischen Hieb des Schwertes durch den *digitus impudicus* noch zu verstärken. Es ist genau die schwertbewehrte *pygme,* über die Groddeck geschrieben hat: Die Faust, aus der der Mittelfinger herausgestreckt wird.

Römische Gladiatoren, der mittlere mit ausgestrecktem Mittelfinger beim Schwerthieb, 1. Jh. u. Z.

Diese Praxis des gestisch begleiteten und damit magisch verstärkten Schwerthiebes soll auch im Mittelalter weitergeführt worden sein. Dies dürfte jedoch nicht in allen Regionen Europas der Fall gewesen sein: Auf dem Teppich von Bayeux etwa, der die Schlacht von Hastings im Jahre 1066 darstellt und der aufgrund der Vielzahl der hier auf dem Teppich eingestickten Krieger reichlich Gelegenheit gegeben hätte, den beim Schwerthiebe ausgestreckten Mittelfinger darzustellen, finden wir allerdings nichts dergleichen.

Böser Blick und
Mittelfingergestus

oder weshalb der Phallus fasziniert

Eine der Grundfunktionen phallischer Gesten ist es, Schadensabwehr zu bewirken. (Wagner 1937) Diese ist jedoch erst das Ergebnis ganz anderer, weitaus tiefer wirkender anthropologischer Grundlagen hinsichtlich des Sexuellen. Die besondere Wirkung des Anblicks der Genitalien beruht auf der Faszination, die von ihnen ausgeht. Der Blick auf die Genitalien ist die Voraussetzung für die Entdeckung des anderen, der dann das Begehren, die Liebe und schließlich die Vereinigung folgen können. Der Reiz, der vom Anblick der Genitalien ausgeht, ist die Grundlage für Voyeurismus ebenso wie für Exhibitionismus. Künstler haben dies schon immer eingesetzt. Besonders in vorchristlichen Kulturen geht man damit weitaus freier um als in christlichen. Bekannt ist, dass die attische Vasenmalerei voller erotisch-pornographischer Darstellungen ist. Und auch die von Vulkanasche verschüttete Stadt Pompeji zeigte sich bei Ausgrabungen als eine einzige mit erotischen Darstellungen bemalte Architektur. In Indien finden wir Liebestempel, die über und über von den Darstellungen verschiedener Sexualpraktiken mit Skulpturen verziert sind, darunter auch ein Liebespaar, von dem der Mann bei der Penetration der Frau zugleich den ausgestreckten Mittelfinger zeigt.

Das Erotische, das Sexuelle, das Pornographische war und ist im Alltag anderer Kulturen viel mehr präsent als in der offiziellen Kultur der europäisch-nordamerikanischen Gesellschaften.

Doch selbst in christlichen Kulturen gilt, dass jeglicher historischer Medienwandel verbunden war mit der vermehrten Produktion pornographischen Materials: Sex sells. Dies war der Fall beim Entstehen des Buchdrucks, der begleitet war vom Aufkommen von Büchern pornographischen und erotischen Inhalts. Dies war der Fall beim Aufkommen der Photographie und des Films, die jeweils sofort die Produktion erotischer und pornographischer Darstellungen mit sich brachten. Und selbstverständlich ist auch das Internet in seiner Akzeptanz, das heißt also auch hinsichtlich seiner Einübung durch die Gesellschaft maßgeblich dadurch befördert worden, dass es massenhaft Angebote pornographischen Inhalts anbietet.

Wir können nun sowohl Artefakte, die Geschlechtsteile repräsentieren, als auch körperlich-gestische Repräsentationen von Geschlechtsteilen gleichermaßen unter dem Begriff der erotischen Artefakte zusammenfassen, mit denen jener, der diese Artefakte geschaffen hat, die Aufmerksamkeit desjenigen, dem sie entgegengehalten werden oder der sie wahrnehmen soll, fesselt.

Die wichtigste Funktion der speziellen phallischen Gesten, aber auch der gestischen Simulation der Vulva durch die Geste der Fica, besteht nun darin, den Blick desjenigen, der diese Gesten sieht, so zu fesseln, dass dieser Blick nicht woandershin gerichtet werden kann.

Wenn derjenige, der keinen Einblick in bestimmte Dinge haben darf, diese dennoch erblickt, dann gilt sein Blick als böse. Es gibt deutliche Sehtabus in archaischen Gesellschaften, nach denen nicht jeder alles sehen darf. Es ist das böse Auge, das z. B. in Süditalien so gefürchtete *malocchio,* das abgewehrt werden muss von dem, was es zerstören und verderben kann. Diesem Ablenkungsmanöver dient neben dem Zeichen des Phallus nun auch ersatzweise der Einsatz von phallischen Gesten. Diese sollen den Blick auf die Geste ziehen und damit von den zu beschädigenden und zu verderbenden Objekten ablenken.

Dies ist die Funktion der Phalloi, die wir zahlreich in Pompeji, aber auch in anderen Städten der Antike, vor allem über Bäckereien finden können. Es soll durch die Phallusskulpturen oder -reliefs vermieden werden, dass z. B. durch den bösen Blick der Sauerteig verdirbt und damit der Bäcker um die Ergebnisse seiner Arbeit gebracht wird. Diese Reliefs können auch in Stadtmauern, wie in

Phallus im Tempel, Relief, Pompeji, 50 u. Z.

Phallusrelief im Straßenpflaster von Pompeji

Zaragossa, oder ins Straßenpflaster, wie in Pompeji, eingearbeitet sein: Der Phallus als Mittelfingergestus droht hier dem Bösen und schützt die Guten gleichsam an jeder Ecke und im wahrsten Sinne auf Schritt und Tritt.

Besonders eindringlich ist das Bodenmosaik einer römischen Villa in Antiochia, dem sogenannten Haus des Bösen Blicks. Hier erkennen wir, wie zahlreiche Apotropaika gegen ein böses Auge gerichtet sind. Darunter auch ein grotesk nach hinten verbogener Ithyphallus eines Flöte spielenden Zwerges. Das ist gleichsam die bildliche Klarschrift dessen, was der Mittelfingergestus als phallisches Apotropaikum kaum verschlüsselt auch leistet.

Das Mosaik mit dem Bösen Auge zeigt uns zugleich die Urszene des Mittelfingergestus. Hier wird der riesige Phallus sogar nach hinten gerichtet, um dem Bösen Blick entgegenzuwirken. Der Phallus ist hier das *fascinum*, unter dem Blickwinkel seiner Wirkung ist er das *fascino-*

Antiochia: Haus des Bösen Blicks, Bodenmosaik mit apotropäischen Symbolen

Relief eines Fascinums, eines riesenhaften Penis in Magnis Lepta, Libyen

sum, das den Blick des Auges bannt. Er fasziniert und lenkt die Aufmerksamkeit auf sich, sodass alle anderen Wirkungen des Auges gleichsam gebannt sind und bedeutungslos werden.

Ein anderes Beispiel finden wir auf einem Tempel-
relief aus Libyen: Ein Phallus, der mit Beinen versehen
ist, trägt selbst einen Phallus, der wiederum auf das Böse
Auge ejakuliert. Hier kommt eine zweite archaische Be-
deutungsschicht zum Tragen: Es ist nicht nur der Anblick des Phallus, der den bösen Blick bannt,
sondern der Phallus blendet den Bösen Blick zusätzlich auch
noch mit seinem
Sperma.

III

Die
Archäologie
des Stinke
fingers

Mittelfinger, Phallus, Versmaß

Der Daktylos bei Aristophanes

In der griechischen und römischen Kultur, die wenigstens für Europa, Teile Kleinasiens, Nordafrikas und Teile Amerikas als traditions- und vorbildgebend gelten, ist der Phallus so präsent, wie auf neolithischen Felsritzungen und anderen Objekten archaischer Kulturen. Dass der Phallus auch als eine Waffe verstanden wird, das lesen wir in den priapischen Versen der sogenannten *Anthologia Graeca* (der bedeutendsten Sammlung antiker griechischer Gedichte), wodurch die archaische Gleichbedeutung des dargestellten Phallus wie der Waffe belegt wird: »Welch eine schwere, Priapos, und harte, kraftvolle Waffe / Reckst du aus deinem Schoss also empörend empor,« (Carmina Priapea, 56) dichtet Erykios von Kyzikos. Zudem gefiel es in der Antike, nicht nur über Phalloi zu dichten, sondern sie auch zu zeichnen, beispielsweise als Monogramm aus Buchstaben. Dafür gibt es sogar eine Anweisung im *Corpus Priaporum:* »CD si scribas temonemque insuper addas, / Qui medium vult te scindere, pictus erit.« (»CD schreiben und dazwischen einen Pfahl, ergibt das Bild / Dessen, der sich in der Mitte zu durchbohren ist gewillt.« (Carmina Priapea, 136)

Goethe hat dieses Gedicht dann für Herzog August

auf Lateinisch kommentiert. Er wählte eine überzeugendere Variante, in der anstelle des C für die Hoden, ein abgerundetes E zu setzen wäre, das eher wie ein griechisches Epsilon aussieht (p. ex. ε), damit deutlicher werde, was hier gemeint ist.

Hoc carmen nos monogramma quod hic oculos
ponimus exarare docet

Dieses Gedicht lehrt uns das Monogramm zeichnen, welches wir hier vor Augen stellen:

Intelligendum autem hoc modo. E D si scribas et temonem addas, lineam nempe crassiorem quae ita dirigitur acsi medium D scindere deberet, pictus erit phallus. Et quidem eo picturae genere quo infantes et rudiores homines uti solent. Eadem enim ratione quae hic temone phalli collum repraesentatum videmus, eodem modo infantes brachia et crura hominum effingere solent. (Goethe, *Über die Priapea,* in: *Carmina Priapea,* 181)

[Es ist aber folgendermaßen zu verstehen: Wenn man E D schreibt und einen Pfahl dazu setzt, das heißt eine dickere Linie, die so gezogen wird, dass sie das D mitten durchschneiden muss, dann wird ein Phallusbild entstehen. Und zwar ein Bild von jener Art, wie es Kinder und ungebildete Leute zu zeichnen pflegen. Auf dieselbe Weise nämlich, wie wir hier mit dem Pfahl den Schaft des Phallus dargestellt sehen, pflegen Kinder Arme und Beine von Menschen zu zeichnen.] (Goethe, 185)

Phalloi allerorten, und wo das Bild, ja sogar das Monogramm des Phallus in Gebrauch ist, da ist auch seine Simulation durch die Geste des ausgestreckten Mittelfingers nicht weit. So bei Aristophanes (geb. 450; gest. 380 v. u. Z.), dem griechischen Dramatiker, bei dem der erste schriftlich nachgewiesene Stinkefinger vorkommt.

In seiner Komödie *Die Wolken* (wohl 423 v. u. Z.) führt Aristophanes einen Dialog zwischen Sokrates und seinem Schüler Strepsiades vor. Dieser hat bei Sokrates um Rat nachgesucht, weil er sich als Redner ausbilden lassen will, um in den wegen seiner Schulden auf ihn zukommenden Prozessen auch mit geschliffener Rede bestehen zu können. Sokrates fragt seinen Schüler, welche Metren er kenne und welches er davon bevorzuge und streckt dabei den Finger aus, um das Metrum des Daktylos zu versinnbildlichen: Das Metrum heißt Daktylos, weil es – wie ein Finger – aus einem kurzen Glied und aus zwei langen besteht. (Neumeier 1989) Strepsiades jedoch interpretiert den erhobenen Mittelfinger sofort als Mittelfingergestus und damit als phallische Geste. Gefragt, was er denn anstelle dieses Fingers zu sagen habe, zeigt Strepsiades auf seinen Phallus – was nichts anderes bedeutet, dass Aristophanes durch Strepsiades sein Wissen um die phallische Herkunft und Grundbedeutung der Geste des ausgestreckten Mittelfingers vorführen lässt. Es ist jene Geste, die in der griechischen Antike als καταπύγονα bekannt war.

Sokrates So! Willst du jetzt was lernen, das für dich ganz nagelneu? Und was zuerst? Die Lehre vom Wort, vom Rhythmus, den verschiednen Maßen?

Strepsiades Die Maße, bitt ich! Um zwei Mäßchen hat mich kürzlich erst geprellt ein Mehlverkäufer.

Sokrates (unwillig) Ich frag dich, welches Maß dir mehr gefällt; das mit drei Füßen oder das mit vier?

Strepsiades Potz Welt! Hat denn bei euch ein Fruchtmaß Füße?

Sokrates Du schwatzst verkehrtes Zeug!

Strepsiades Da frag ich jeden, ob ihm ein Maß mit Füßen vorgekommen?

Sokrates Zum Henker! Wie stupid, wie ochsendumm! – Vielleicht dass du vom Rhythmus was begreifst?

Strepsiades Rhythmus? Verschafft der mir mein täglich Brot?

Sokrates Das kommt dir in Gesellschaft wohl zustatten: Da hörst du, wenn man musiziert, doch gleich ob's wohl enhoplisch, ob's daktylisch ist.

Strepsiades Den Daktylus? Beim Zeus, den kenn ich.

Sokrates (seinen Finger hochhaltend) Nun? Was tritt an Stelle dieses Daktylus?

Strepsiades (auf seinen Phallus zeigend) Vormals, in meiner Jugend dieser Pendel.

Sokrates Wie plump und albern!

Strepsiades Aber nein, du Narr! Dergleichen wünsch ich nicht zu lernen.

Sokrates So? Was denn?

Strepsiades Die Kunst, die Unrecht macht zum Recht.

(Aristophanes, *Die Wolken*, 2. Szene)

Da die fraglichen Worte alle mehrdeutig sind, im Alltag wie im Bereich der kunstvollen Rede ihre jeweils eigene Bedeutung haben, treffen hier Alltagssemantik, repräsentiert durch das Wissen des Strepsiades, und Metaphorik aus dem Bereich des poetologischen und rhetorischen Diskurses aufeinander. Aristophanes führt vor, wie die beiden Sphären letztlich unvereinbar sind, was bedingt, dass eine Kommunikation über das, was Strepsiades erlernen will, eigentlich nicht stattfindet.

Sokrates identifiziert und bewertet des Strepsiades Interpretation des hervorgestreckten Mittelfingers als phallische Geste sofort als unkultiviert. Hier spricht der Städter Sokrates und weiß sofort, welche Körpersprache nicht zu der Körpersprache der Polis, d. h. letztlich nicht zu der politisch gepflegten und gezähmten Körpersprache gehört. Der Mittelfingergestus gehört also mit seinem ersten Auftauchen in der europäischen Literatur zu den Gesten, die zwar in Gebrauch sind, die von den Repräsentanten der kulturellen Eliten, wie es Sokrates einer war, jedoch als anstößig empfunden und einem sozial und kulturell niedrigen Register der Körpersprache zugerechnet werden.

In ähnlicher Weise beleidigte nur wenig später der Philosoph Diogenes von Sinope (geb. gegen 410; gest. wohl um 323) den Demagogen Demosthenes, indem er mit dem Mittelfinger auf ihn zeigte.

Nach dem Bericht des Diogenes Laertius in seiner Schrift *Leben und Meinungen berühmter Philosophen* traf Diogenes den Redner Demosthenes, der sich vor ihm zurückzog, und weiter heißt es: »Einst wollten Fremde den Demosthenes sehen; da streckte er den Mittelfinger aus und sagte: ›Seht, dieser da ist der athenische Demagog.‹« (Diogenes Laertius, I, 311)

Wir wissen nicht, wie Diogenes den *digitus impudicus* genau artikuliert oder gestikuliert hat. Hat er diese Geste mit dem Handrücken nach oben und den Mittelfinger in Zeigefingerfunktion ausgeübt, oder hat er den Handrücken nach unten gehalten und den Mittelfinger aus der Faust gestreckt? Aber ziemlich klar ist, dass der ausgestreckte Mittelfinger den Phallus repräsentieren soll, und die Faust, aus der er herausgestreckt wird, die Hoden. Wir können das ideographische Bild des Phallus, so wie er in der Antike vorgestellt wurde, aus den antiken Darstellungen von Hermen und priapischen Gestalten entnehmen. Danach haben wir es praktisch grundsätzlich mit einem nach oben aufgerichteten Phallus zu tun, woraus wir schließen können, dass auch die gebärdische Nachbildung des Phallus ebenfalls so beschaffen gewesen sein wird, als ragte der den Phallus repräsentierende Mittelfinger nach oben. Die in den Darstellungen der Zeit als Schema erkennbaren Bilder eines Phallus legen dies nahe. So besteht guter Grund zu der Annahme, dass Diogenes die obszöne Gebärde ebenfalls mit nach oben ausgestrecktem Mittelfinger und mit nach unten gerichtetem Handrücken artikuliert hatte.

Aus der gleichen Quelle kennen wir bereits das Verfahren, Zeige- und Mittelfinger zum Zwecke der Verwirrung zu vertauschen. Bei Diogenes handelte es sich jedoch nicht um den anstelle des ausgestreckten Mittelfingers euphemistisch erhobenen Zeigefinger, sondern um die Ersetzung des Zeigefingers durch den Mittelfinger. Wegen dieser Geste, so Diogenes, würde man für verrückt gehalten:

»Auf einen einzigen Finger, sagte er, käme es bei den meisten an, ob sie verrückt wären oder nicht; wenn nämlich jemand umherwandelnd mit dem Mittelfinger auf etwas hinzeigt, so gilt er für verrückt, wenn aber mit dem Zeigefinger, dann nicht.« (Diogenes Laertius: 1955, I, 311)

Wir haben es also mit einem deutlichen Unterschied zwischen dem Einsatz der beiden Finger zu tun, so wie ihn schon Aristophanes in der Komödie *Die Wolken* vorführt. Doch einen Unterschied können wir feststellen: Bei Aristophanes hält Sokrates den ausgestreckten Mittelfinger lediglich für bäuerisch, während er nach Diogenes von den anderen Menschen für den Ausdruck von Verrücktheit gehalten wird. Selbstverständlich reflektiert Diogenes hiermit seine eigene Lage in einer Gesellschaft, in der er aufgrund seines Verhaltens und Habitus in seiner Tonne als Außenseiter lebte.

Abwehr, Spott und Hohn

Der *digitus impudicus* im römischen Alltag

Die herausragende Stellung der Mittelfingergeste in der lateinischen Antike kann man bereits an ihren zahlreichen Namen erkennen. Je mehr Namen man erfindet, desto wichtiger scheint es, über diese Geste auch zu kommunizieren: neben dem *digitus medius sive medianus* (Mittelfinger) finden wir *digitus infamis, digitus famosus, digitus impudicus.* (Georges: 1913, 2154)

Entsprechend dieser Vielfalt von Namen für die Gebärde sind lateinische Quellen auch zahlreich erhalten. Insbesondere Belegstellen aus den *Carmina Priapea* beweisen die schadensabwehrende Funktion der Gebärde sowie die Äquivalenz der Gebärde mit der Drohung durch den Phallus. So heißt es in einem Gedicht der *Carmina Priapea,* dass der als Statue aufgestellte Gartengott erleben muss, wie ein Dieb ihm mit der Gebärde des *digitus impudicus* droht. Darauf beklagt sich die Statue Pans:

> »Verspottest du mich, Dieb, begegnest meinem Drohn
> mit einem Fingerzeichen voll obszönem Hohn?
> Weh mir, ich Armer, warum ist mein ganzer Stolz,
> mit dem ich dich erschrecken könnte, nur aus Holz?«
> (Priapea: 1978, 138)

Pan wünschte sich, nicht aus Holz zu sein und sich bei den Dieben mit seinem Phallus rächen zu können. Stattdessen überantwortet er die Bestrafung seinem Herrn, »ut pro me velit irrumare fures«, »damit er für mich die frechen Burschen in den Mund fickte«. Als Drohgebärde und als Angriff auf andere Personen gemeint finden wir die Gebärde bei dem römischen Dichter Martial. Der fordert eine Person auf, sich bei denjenigen zu rächen, die ihm übel nachreden, und ihnen den Mittelfinger auszustrecken: »Lache lange, Sextillus, jenen aus, der dich einen Kinaeden nennt, / und strecke ihm den Mittelfinger aus.« (Martial: 1930, 64) Einem anderen, der sehr alt geworden ist, rät Martial, den Ärzten den *digitum, sed impudicum,* den Finger, aber den anstößigen, auszustrecken. (Martial: 1930, 198/99)

Sueton berichtet in seiner Lebensbeschreibung des römischen Kaisers Caligula von einer Verschwörung gegen den Kaiser. Einer der Anführer der Verschwörung war der Tribun Cassius Chaerea, den Caligula immer mit obszönen Reden und Gesten verhöhnt hatte:

»Man beschloss, ihn anlässlich der Palatinischen Spiele anzugreifen, und zwar wenn er sie mittags verlassen würde. Die erste Rolle beanspruchte Cassius Chaerea, Tribun einer Prätorianergarde, den Gaius, trotz dessen Alters, bei allen Gelegenheiten als weich und verweiblicht kennzeichnete, diesem antwortete er unter Vorzeigen einer Geste mit ›Priapos‹ oder ›Venus‹, oder wenn dieser ihm aus anderem Grunde dankte, reichte er ihm die zu küssende Hand und formte und bewegt diese in obszöner Weise.« (Sueton: *Caligula,* LVI, 4)

Die Gebärde, die Caligula mit der dargebotenen Kuss-
hand ausführt, wird üblicherweise ausschließlich als die
Gebärde des *digitus impudicus* interpretiert, obgleich bei
Sueton tatsächlich nicht mehr steht, als eben dieser einfa-
che und generelle Hinweis auf die *manus formata commo-
taque in obscenum modum*. Es ist nun aber so, dass die als
Verschmähung gedachten Ausrufe Caligulas in die Richtung des Cassius Chaerea (*Priapos / Venus*) anzeigen, dass
Caligula den Tribun sowohl mit ›männlichen‹ als auch
mit ›weiblichen‹ Zeichen verhöhnte. Dies kann nun
vielleicht auch für die gestische Form der Beleidigung
gelten. So mag es sein, dass Caligula sowohl die männliche als auch die weibliche Form obszöner Gebärden mit
der Hand darstellte und dem Kusse darbot. Es sind hier
gleichermaßen der *digitus impudicus* als gestisches Imitat
des männlichen Geschlechts wie auch die *fica* als gestisches Imitat des weiblichen Geschlechts deutbar.

Handküsse wurden sogar auf Münzen dargestellt, offensichtlich war dies also eine wichtige Geste zur Bekundung
von politischer Treue und Unterwerfung. Der Handkuss
wird so zu einer öffentlichen Angelegenheit. Wenn nun
Caligula beim Handkuss den Mittelfinger ausgestreckt
hat, dann bedeutet dies gemäß der Symbolik des Mittelfingers nichts anderes, als dass er seinen Phallus
zum Kuss hingereicht habe. Caligula hat
zu dieser Maßnahme gegriffen,
um die betreffende Per-
son verächtlich zu
machen.

Griechisch-römischer
oder germanischer
Mittelfingergestus?

Mittelfingergestus ist nun nicht gleich Mittelfingergestus. Es gibt deutlich nachweisbare geographische Unterschiede, zwei südeuropäische und eine nordeuropäische
Variante. Bei der ersten südeuropäischen Variante werden die ersten Glieder des Ring- und Zeigefingers neben dem ausgestreckten Mittelfinger hochgehalten, sie
sollen die Hoden symbolisieren. Bei der zweiten werden
Zeige- und Ringfinger so weit nach hinten geschoben beziehungsweise der Mittelfinger so weit nach vorne gestreckt, dass die deutlich geknickten ersten Glieder von
Ring- und Zeigefinger erscheinen wie die nach außen ab-
stehenden Hoden des männlichen Genitals. Diese beiden
Varianten können wir als griechisch-romanische oder als
romanische Varianten des Mittelfingergestus bezeichnen.
Man findet sie bis auf den heutigen Tag als Hauptform
überall dort, wo eine romanische Einwanderung oder
Kolonialisierung stattgefunden hat, im nördlichen Mittelmeerraum, Nordafrika und überall dort, wo Römer
und Griechen eine kulturelle Rolle spielten im Zeitalter
der Globalisierung mischen sich die Variantentypen und
bleiben nicht auf ihr ursprüngliches Verbreitungsgebiet
beschränkt. Ein prägnantes Beispiel von Variante zwei

Billie Jean King zeigt den
mediterranen Stinkefinger, 1981

z. B. liefert eine Photographie der Tennisspielerin Billie Jean King, die sie einem Pressephotographen zeigte, der sie verfolgte, nachdem sie zugegeben hatte, eine Liebesbeziehung zu einer Frau gehabt zu haben.

Ebenfalls finden wir eine deutlich artikulierte Variante zwei auf einem Bild des Rappers Eminem.

Rapper Eminem,
Bravo Starschnitt 3,
2001

Nelson Rockefeller, 16. September 1976:
Ein Finger gegen Demonstranten

Im Gegensatz dazu zeichnet sich der nördliche, germanische Stinkefinger dadurch aus, dass der Mittelfinger aus der geschlossenen Faust herausgestreckt wird, ohne dass durch das erste Glied von Zeige- und Ringfinger in irgendeiner Art und Weise die Testikeln nachgeahmt oder angedeutet würden. Hier könnte man maximal sagen, dass die geballte Faust den Hodensack andeutet.

Es gibt also grundsätzlich zwei verschiedene Varianten, den Mittelfinger aus der Faust herauszustrecken. Wie alt diese Differenz ist, kann nicht festgestellt werden. Dass bereits Tacitus in *De Germania* berichtet haben soll, dass die germanischen Krieger den römischen Soldaten einen ausgestreckten Mittelfinger entgegenhielten (eine Behauptung, die seit etwa 2010 im Internet kursiert, und auf einem Buch von Thomas Conley beruht), ist nicht anhand der Texte des Tacitus zu verifizieren. Sie entstammt wohl dem Bedürfnis, die antike Herkunft und damit den in gewisser Weise auch altehrwürdigen und archaischen Charakter dieser in der Antike vielfach literaturbekannten Geste zu unterstreichen.

Die Körpersprache ist als eines der atavistischsten Zeichensysteme des Menschen auch am wenigsten durch kulturellen Wandel umzuformen. Daher zeigen einmal etablierte Kodifizierungen der Körpersprache eine ungewöhnliche Stabilität allen kulturellen Wandels – bis heute ist im ehemals germanischen Raum die germanische, im ehemals griechisch-römischen Raum die romanische Variante am stärksten ausgeprägt.

Manchmal bleiben sogar innerhalb eines Volkes kulturelle Unterschiede bestehen, selbst wenn Sprache, Religion, staatliche Zusammenhänge etc. schon längst verändert sind. Derartige Grenzen kann man als fossile Kulturgrenzen auffassen. Ein schlagendes Beispiel dafür ist die fossile Grenze, die zwischen griechischer und römischer Körpersprache quer durch die italienische Halbinsel verläuft. Von Süden kommend bis hoch nach Neapel, das bekanntermaßen eine griechische Gründung ist, wird die Verneinung bis heute auf griechische Art ausgeführt, das heißt, der Kopf wird nach hinten geschlagen und das Kinn nach vorne gelegt, wenn man Ablehnung ausdrücken will. Hingegen wird die Verneinung schon wenige Kilometer nördlich von Neapel körpersprachlich durch das Schütteln des Kopfes ausgedrückt. Hier ist klar der Unterschied zwischen dem ehemaligen griechischen Kolonialgebiet auf italischem Boden und den Gebieten mit originär lateinischen Traditionen im Norden zu erkennen. In ähnlicher Weise dürften wir auch die Unterschiede zwischen dem grie-

chisch-römischen und dem germanischen Mittelfingergestus erklären können.

Es sind aus der Antike kaum Berichte über die Gebiete
nördlich der Alpen oder außerhalb des griechisch-römischen Kulturkreises bekannt, in denen jemand den Mittelfinger auf Art der Griechen oder der Römer ausstreckt.
Später wird es dann in einem kulturellen Schmelztiegel
wie den USA, in denen Menschen aus germanischen und
aus romanischen Kulturen zusammengetroffen sind, eine
Konkurrenz zwischen beiden Varianten des ausgestreckten Mittelfingers geben. Hier können jederzeit beide
Formen gezeigt werden und beide werden natürlich entsprechend dem synthetischen Charakter der US-amerikanischen Kultur auch von allen Teilnehmern an dieser
gestischen Kommunikation verstanden.

Wir können allerdings feststellen, dass heutzutage
Menschen aus dem nördlichen Mittelmeerraum ebenso
wie die Immigranten aus diesem Raum nach Nordamerika sich körpersprachlich nach wie vor eher wie Griechen
oder Römer verhalten. Hingegen strecken die Migranten
aus dem nördlichen Europa in den USA beziehungs-
weise die heutigen Bewohner Nordeuropas
den Mittelfinger nach wie vor eher
gemäß dem germanischen
Bewegungsschema
aus.

Ein Finger geht um die Welt I
Marokko

Dort wo es ureigene Traditionen einer phallischen Geste gibt, ist zwar der griechisch-römische Mittelfinger bekannt, doch es werden die eigenen Varianten bevorzugt. So treffen wir in Nordafrika auf einen Mittelfingergestus mit der gleichen Bedeutung wie die des griechisch-römischen, wobei der Mittelfinger jedoch aus der flachen Hand nach vorne herausgestreckt wird.

Es scheint damit so, als seien Kulturen, die über eine eigene Tradition phallischer Gesten in der Bedeutung des ausgestreckten Mittelfingers verfügen, auch gegen den Import des griechisch-römischen Stinkefingers immun. Man kennt die Geste, doch man verwendet eher die eigene, schon lange eingeführte und erprobte.

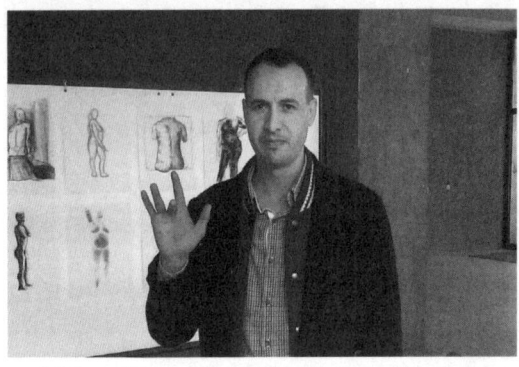

Mohamed Lazhar (Marokko): Le doigt – Der Finger

Anders die Situation in anderen Ländern und Kulturen, insbesondere in jenen, die bisher nur in geringem Kontakt mit der europäisch-amerikanischen Körpersprache waren. Wir wissen über die Körpersprache dieser Völker viel zu wenig. Gelegentliche Nachfragen – so bei indigener Bevölkerung in Marokko oder Mexiko – zeigen meistens, dass bestimmte Gesten, wie beispielsweise die Hörnergeste, als Repräsentation verschiedener Tiere (Esel, Rind) interpretiert und auch genutzt wird. Das spricht dafür, dass hier noch deutlich mit der Gestik der Jäger verbundene Körperzeichen im Gebrauch sind. Der griechisch-römische Stinkefinger dürfte hingegen immer ein Import aus Europa oder den USA sein.

Ein Finger geht um die Welt II
Der karibische Mittelfinger
des Zapatista

Wer den Süden Mexikos, etwa die Stadt San Cristóbal de las Casas im Bundesstaat Chiapas bereist, bekommt auf jedem Markt T-Shirts angeboten, die ein in unserem Zusammenhang wichtiges Photo zeigen. Kurze Zeit nach dem Aufstand der Zapatistas am 1. Januar 1991 wird der Subcomandante Marcos, der faktische Anführer und theoretische Kopf der Zapatistas, photographiert, wie er der Kamera einen Mittelfinger entgegenstreckt. Doch macht er die Geste ganz anders, als wir sie üblicherweise kennen: Es ist die einzige weltweit bekannte Variante dieser Geste, die nicht mit dem Handrücken, sondern mit der Handinnenseite zum Betrachter ausgeführt ist. Hat sich hier der Indio ›geirrt‹ und den Reportern in Unkenntnis der ›richtigen‹ Artikulation der Geste etwa einen falschen Mittelfinger vorgeführt? Kaum möglich, denn der *Subcomandante* Marcos ist ein in Mexico City studierter Intellektueller mestizischer Herkunft.

Natürlich kennt er den US-amerikanischen *one finger salute,* doch dies ist genau der Grund, so ist zu vermuten, dass er gerade diese Variante der Geste nicht einsetzte, als er der auf ihn gerichteten Kamera eine Provokation zugedachte.

Die von Marcos vorgeführte Geste ist nämlich die in der Karibik, vor allem auch in Kuba, verbreitete Variante

Raúl Ortega: Subcomandante
Marcos (i. e. Rafael Sebastián
Guillén Vicente), Chiapas,
Mexiko ca. 1991/92

des ausgestreckten Mittelfingers (mit der Handfläche
zum Adressanten der Geste gerichtet), die sich freilich in
Konkurrenz mit der ebenfalls hier verwendeten Form des
US-amerikanischen Mittelfingers germanischer und ro-
manischer Herkunft befindet.

Gerade aus dieser Konkurrenz heraus verwendet Marcos nicht den ›nordamerikanisch‹, sondern den ›kari-
bisch‹ ausgestreckten Mittelfinger, und dies auch als
Betonung der kulturellen Identität der indigenen Völker, die zu stärken auch die
Aufgabe des zapatistischen
Aufstandes von 1991
war.

Der doppelte britische Mittelfinger

Eine seltene und deshalb um so bedeutendere Kombination des *bras d'honneur* mit einer weiteren Geste finden
wir in der Siegerpose von Mark Cavendish bei der Tour
de Romandie im Jahre 2010. Hier sehen wir den konven-
tionellen *bras d'honneur,* dieser ist jedoch kombiniert mit
einer in dieser Kombination eher seltenen Geste. Cavendish, der selbst von der Isle of Man stammt, zeigt die für
Briten, Australier und Neuseeländer hochsignifikante
Geste der dem Publikum mit dem Handrücken zuge-
wandten, ausgestreckten Zeige- und Mittelfinger.

Diese Geste bedeutet nicht *Victory,* sondern soll aus
dem Spätmittelalter stammen. Vor der Schlacht von Azincourt (25. 10. 1415) soll der französische Armeeführer, vielleicht König Charles VI., den englischen Langbogenschützen gedroht haben, ihnen nach der Niederlage die
Finger abschneiden zu lassen, die sie für die Bedienung ihres Bogens benötigen. Doch die englische Armee gewann,
gestützt auf die Langbogenschützen, die damit den ersten
Sieg der Infanterie in einem Kriege davontrugen. Dies läu-
tete zugleich das Ende der Ritterheere ein, denn diese zeigten sich als äußerst verwundbar wegen der die Rüstungen
durchschlagenden Kraft der Bogengeschosse. Nach dem
Sieg sollen die englischen Bogenschützen dann den gefangenen französischen Kriegern ihre Zeige- und Mittelfin-

Mark Cavendish: Der britische Stinkefinger

ger präsentiert haben, was als erniedrigendes Symbol ihres Sieges und ihrer Überlegenheit gedeutet wurde. Ist die Schlacht von Azincourt auch ein bedeutender Vorgang an der Wende vom Mittelalter zur Frühen Neuzeit, bestehen jedoch erhebliche Zweifel an der Authentizität dieser Erzählung und der Interpretation der Herkunft dieser Geste. Viel eher ist hingegen anzunehmen, dass die von Mark Cavendish gezeigte Geste eigentlich nichts anderes ist, als der mit dem *bras d'honneur* verbunden vorgeführte Mittelfingergestus, der jedoch auf besondere, in den britischen Kulturen hochsignifikante Weise vorgeführt wird. Es gilt nämlich hier, was in einfacheren Sprachen vielfach gilt: Die Reduplikation des Zeichens ist eine Pluralbildung und bedeutet die Intensivierung der pragmatischen Wirkung des Zeichens. So gesehen verdoppelt Cavendish mit dieser Geste lediglich den Stinkefinger, indem er nun auch noch den Zeigefinger mit erhebt.

Man könnte natürlich sagen, dass dies eine typisch britische Form des Understatements ist. Während in an-

*Der britische Schauspieler Martin Freeman als Bilbo
Beutlin in der Verfilmung von »The Hobbit« zeigt
den doppelten Mittelfinger.*

deren Kulturen, allerdings auch in der britischen, wie
man leicht sehen kann, der Mittelfingergestus durchaus
auch beidarmig ausgeführt und damit verdoppelt werden kann, begnügt sich der Brite gegebenenfalls lediglich
mit dem lässigen Erigieren eines zweiten Fingers, der sich
dann zum eigentlichen Mittelfingergestus gesellt, der natürlich immer der Mittelfinger ist und bleibt.

Die Strafe für diese Geste Cavendishs war der Aus-
schluss vom weiteren Rennen: »Taken out of the Tour
de Romandie at the conclusion of today's stage, as a result
of his inappropriate actions after winning stage two of
the race on Thursday.« Offensichtlich stellt der britische
Zweifingergestus im Rahmen britischer Interpretationen
eine nicht minder schwere Verletzung der Benimmregeln
für die Körpersprache dar wie der Mittelfingergestus in
den angrenzenden Ländern und Kulturen.

Mit dieser Ambiguität spielte ein anderer recht er-
folgreich: Winston Churchill, der ja als Erfinder der
Victory-Geste gilt, nachdem die Alliierten die Victory-

Winston Churchill: Victory & Fuck you

Propaganda in Form eines überall angebrachten und in Form von Morsesignalen (als Erkennungszeichen von Radio London beispielsweise: ● ● ● –) gesendeten Buchstaben »V« gestartet hatten. Churchill wusste aber auch, dass man die beiden Finger mit dem Handrücken zum Adressaten vorzeigen konnte, was eine vollkommen andere Geste darstellte. Dass man sich hierbei schwer vertun kann, durfte der US-Präsident Ronald Reagan bei einem Besuch in Australien erfahren. Hier entstieg er ohne Briefing durch seine Berater mit einer vermeintlichen Victory-Geste dem Flugzeug – doch die natürlich *britische* Körpersprache benutzenden Australier reagierten *not very amused:* Reagan hatte ihnen fröhlich winkend den Handrücken samt herausgestreckter zweier Finger vorgezeigt; die übelste Beleidigungsgeste des British Commonwealth, eben jene, für die Mark Cavendish vom weiteren Rennen ausgeschlossen wurde.

Beleidigende Gesten weltweit II

»Pernacchia« und
»blowing a Raspberry«

Menschliche Primaten nutzen neben den pragmatischen Funktionen die Teile ihres Körpers so, dass sie mit einzelnen von ihnen die Genitalien und sexuelle Handlungen darstellen können. Auf diese Weise entsteht eine Gruppe von körpersprachlichen Zeichen, die man als phallische Gesten bezeichnet. Sie sind in allen bekannten Kulturen gebräuchlich. Und sie werden mit allen Körperteilen, die man hervorstrecken kann, gezeigt: mit den Fingern, den Unterarmen, den Armen und, was vielfach vernachlässigt wird, mit der Zunge. Auch die Zunge muss in einem erweiterten Sinn nämlich als Gliedmaß verstanden werden, denn zu der Steuerung ihrer Bewegungen werden nicht unwesentliche Areale der motorischen Areale des menschlichen Neocortex eingesetzt. Dies veranschaulicht eine Darstellung der Körperteile des Menschen gemäß der Menge der zu ihrer Steuerung eingesetzten motoneuronalen Areale.

Wenigstens über eine Redewendung wie »An der Nase des Mannes erkennt man den Johannes« wird zudem eine Äquivalenz zwischen Nase und Phallus hergestellt, die freilich wenig als Geste umgesetzt werden kann. Die Nase ragt bereits hervor, ist wenig beweglich und kann daher kaum noch in besonderer Weise körpersprachlich in Szene gesetzt werden. Die Redewendung vom »Johan-

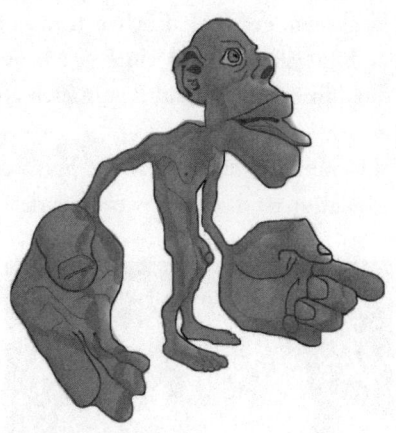

Homunculus proportioniert entsprechend
der Aufgabenverteilung im Neocortex

nes« veranschaulicht aber beispielhaft, wie Äquivalenzen zwischen einzelnen Körperteilen hergestellt werden können. Der menschliche Körper ist eben das naheliegende Maß und Vergleichsmittel des Menschen, und deshalb wird er vorzugsweise zur Bildung von Metaphern eingesetzt: Bergrücken, am Fuße des Gebirges, Gletschernase, Gletscherzunge etc. sind nur einige Beispiele dafür. Aus derartigen Wortbildern wird ein großer Teil unserer Sprachen gebildet. (vgl. Lakoff / Johnson) Der Mensch ist ein Metaphern-Bildner und begreift und kommuniziert seine Wahrnehmungen durch die Bildung von sprachlichen Modellen der Wahrnehmungsinhalte. Dies trifft auch auf die Produktion der körpersprachlichen Zeichen zu.

Demnach werden in allen Kulturen auch Systeme von Äquivalenzen gebildet, mit denen die gestische Repräsentation des Phallus möglich ist. Es ist dann nur noch eine

Frage der konkreten gesellschaftlichen Konvention, welche Art der Repräsentation in einer gegebenen Gesellschaft als die dominierende und damit auch als die wirkungsvollste gilt.

Eine wahrscheinlich sehr archaische Form der phallischen Gestikulation ist das Herausstrecken der Zunge.

Erotisches Züngeln eines indigenen Brasilianers

Diese bei vielen Völkern nachgewiesene Geste der Zunge kann aus ethologischer Sicht als ein Grundbestandteil des erotischen Werbeverhaltens verstanden werden. Es handelt sich hierbei eindeutig um eine phallische Geste. Das Zungezeigen ist weit verbreitet bei den Maori, bei denen es bis auf den heutigen Tag in dem Kampfritual des Haka zur inszenierten Drohung und Verschmähung des Gegners eingesetzt wird. Dass dieser Tanz zudem im Wesentlichen aus einer Aneinanderreihung weiterer viriler Gesten, darunter auch anderer phallischer Gesten wie der Präsentation der Arme, des Schlagens auf die ausge-

*Die neuseeländische Rugby-Nationalmannschaft beim
Haka, dem traditionellen Kriegstanz der Maori*

streckten Unterarme, des Schlagens auf die Brust und des
Hervorstreckens der Hüfte besteht, sei nur am Rande erwähnt. Die neuseeländische Rugby-Nationalmannschaft,
die aus Briten und Maori zusammengesetzten *All Blacks,*
führt seit dem Jahre 1886 vor jedem ihrer Kämpfe den
Haka zur Einschüchterung des Gegners, inzwischen aber
auch als Markenzeichen in einem medialen Spektakel auf.

Dass wir es hier mit einer Sublimation von atavisti-
schem Primatenverhalten zu tun haben, ist sehr wahrscheinlich, wie es, falls es authentisch ist, uns das Bild
eines die Zunge mit wohlbekannter Gebärde ausstre-
ckenden Schimpansen zeigt.

Wenn wir die Praxis des mit Gesten ausgetragenen
Kampfrituals der Maori betrachten, dann verstehen wir
sofort den Zusammenhang von Zungezeigen und Mittelfingergestus.

Wir sehen in einem als Postkarte kursierenden Bild ein
Kind, das das Herausstrecken der Zunge und des Mittel-

Ein Schimpanse streckt die Zunge heraus.

fingers simultan artikuliert. Dass es sich hierbei um das Bild eines Kindes handelt, ist wahrscheinlich auch der Vorstellung geschuldet, dass das Zungezeigen vor allem als eine kindische Geste gewertet wird. Es ist jedoch zu vermuten, wie die Beispiele der Maorikultur belegen, dass es sich hierbei ursprünglich um einen viel mächtigeren, erotischen, sexuell aufgeladenen, phallischen Gestus han-

Zunge und Mittelfinger zeigen

Pernacchia im Fußballstadion, Il Messagero

delt. Dieser wird durch die Klassifikation als kindischer Gestus gleichsam abgeschwächt und gedämpft und damit entwertet.

Auch wenn in der weißen Kultur das Zungezeigen als kindisch gilt, so haben sich doch einige Residuen eines viel mächtigeren und archaischeren Gebrauchs dieser Geste erhalten. In einigen Kommunen Süditaliens, die in der Antike von griechischen Kolonisten gegründet wurden und in denen bis auf den heutigen Tag noch Griechisch gesprochen wird, ist eine der gröbsten Beleidigungen die Pernacchia.

Es handelt sich hierbei um das Herausstrecken der Zunge, die man gleichzeitig zwischen den Lippen vibrieren lässt. Diese Geste kann noch intensiviert werden, wenn man den ausgestreckten Daumen oder den mit dem Zeigefinger zu einem Kreis geschlossenen Daumen einer Hand vor den Mund oder die Nase führt, während die Hand geschlossen oder offen gehalten wird. Dabei wird das Geräusch der Pernacchia erzeugt.

Mit dem Begriff der Pernacchia werden über die eigentliche Geste des Zungeflatterns hinaus jedoch eine ganze Reihe von anderen beleidigenden und zurückweisenden Gesten bezeichnet. Dazu gehört u. a. mit dem *gesto dell'ombrello* eine weitere phallische Geste.

Pernacchia in der Politik: Romano Prodi

In den USA und einigen anglophonen Ländern gibt es diese Geste ebenfalls. Dort heißt sie »giving a raspberry«, eine Wendung, die seit dem ausgehenden 19. Jahrhundert auch als schriftliche Quelle belegt ist. Anlässlich eines der wenigen verfügbaren Bilder wird diese Geste auch als »giving a big F. U.« interpretiert. Hier ist dann wenigstens über die Semantik auch der Zusammenhang zwischen ausgestreckter Zunge und Mittelfingergestus wiederhergestellt.

Die Ungenauigkeit, die man bei den Begriffen für diese Sorte von Gesten feststellen kann, hat nicht mit der Ungenauigkeit des Menschen bei der Verteilung von Namen für die Ausdrücke seiner Körpersprache zu tun. Vielmehr sind die einzelnen Gesten in ihrer Bedeutung nicht klar voneinander zu trennen, sodass es zu diesen Ungenauigkeiten und Mehrdeutigkeiten kommt.

Hier öffnet sich das Feld für ethologische und kulturgeschichtliche Studien, die die ganze Breite und Wirklichkeit des Lebens erfassen, wie es linguistische oder

Operation Rescue Russia and a big »F. U.« to Eurangloland

semiotische Studien kaum zu leisten imstande sind. Es
handelte sich dabei um eine Geschichte des permanen-
ten Wandels zwischen den Bedeutungsfeldern
und ihrem jeweiligen gestischen Ausdruck. Doch dies ist der Ge-
genstand eines noch zu
schreibenden
Buches.

Mittelfinger, Zunge und Bras d'honneur

Der ausgestreckte Mittelfinger kann gemeinsam mit anderen Gesten gezeigt werden, wodurch neuartige Kombinationen und neu ausdifferenzierte Gesten entstehen. Diese anderen Gesten sind meistens von der Bedeutung wie von der Gestalt her der Geste des ausgestreckten Mittelfingers analog, es sind also zumeist phallische Gesten, die mit dem ausgestreckten Mittelfinger kombiniert werden. Diese Gesten werden zumeist mit dem ausgestreckten Unterarm und/oder der ausgestreckten Zunge ausgeführt.

Jedes länglich ausstreckbare Körperteil kann eingesetzt werden, ein längliches Körperteil zu symbolisieren oder eine analoge Geste zu ersetzen. Der Mensch, der aus einer Reihe hervortritt, um sich zu zeigen, kann auch den Arm heben, anstelle des Armes kann er auch die Hand heben oder anstelle der Hand nur einen Finger zeigen. Es ist eine ganze Kette von Äquivalenzen, die hierdurch erzeugt wird. Die phallischen Gesten kann man durch verschiedene Körperteile ausdrücken: den ausgestreckten Mittelfinger, den ausgestreckten Daumen, die Fica (Feigenhand), den gerade oder rechtwinklig vom Körper ausgestreckten Arm oder durch die aus dem Mund herausgestreckte Zunge. Der ausgestreckte Mittelfinger kann durch den ausgestreckten Arm ersetzt oder es können beide Gesten gemeinsam und dadurch einander verstärkend ausgeführt werden. Schließlich kann auch die ausgestreckte Zunge gemeinsam mit diesen Gesten gezeigt werden. In fast allen Kulturen der Welt ist dies zunächst das körpersprachliche Grundmaterial, aus dem dann sexuelle, apotropäische und aggressive Gesten gebildet werden.

In den verschiedenen Kulturen können diese Kombinationen verschiedene Gestalt annehmen und es gibt kulturell geprägte Präferenzen. Keines der Elemente dieser Kette nimmt dabei eine andere Bedeutung an. Immer bleibt es bei der Funktion des symbolischen Vorweisens des Phallus. Es gibt zwar verschiedene Grade der Intensität, mit der hierdurch ein körpersprachlich ausgedrückter Angriff ausgeführt werden kann, und es gibt auch geographisch verteilt verschiedene Toleranzgrenzen für die unterschiedlichen Varianten derartiger Gesten. Dennoch sind sie alle äquivalent und können einander ersetzen oder auch gemeinsam gezeigt werden. Dadurch verstärken sie ihre Wirkung noch zusätzlich.

Der *digitus impudicus* wird in Spanien, Portugal und in lateinamerikanischen Ländern als äquivalent zu jener Geste aufgefasst, die als *corte de manga* (etwa: »Saum des Ärmels«) bezeichnet wird. Wer die Geste des *corte de manga* zeigt, streckt entweder jemandem den Mittelfinger oder den Arm mit aufgelegter Hand des anderen Armes entgegen – und zwar indem eine Hand auf der Höhe des Saumes eines kurzen oder hochgekrempelten Hemdsärmels des anderen Armes, zumeist auf der Höhe des Bizeps, gelegt wird.

Die Entblößung des Unterarms signalisiert Aktivität und Einsatzbereitschaft. Die Geste ist viril und wurde

J. Howard Miller:
We Can Do It!, 1943

Unbekannt: Together we can
do it! Keep 'em Firing!

während des Zweiten Weltkriegs ab 1943 in den USA in den Produktionsstätten der Firma Westinghouse genutzt, um Vorstellungen von den an der Heimatfront tatkräftig wirkenden Frauen zu vermitteln. Sie basiert auf einer bereits zuvor eingeführten Ikonographie, in der Arbeit und Management gemeinsam die Ärmel hochkrempeln, um die kriegswichtige Produktion zu sichern.

Die ältesten Belege dieser Geste stammen aus der mittelalterlichen Heraldik und der Emblematik der Renaissance. Hier treffen wir auf gebeugte Arme, deren Hände bewaffnet oder zur Faust geballt sind. Dementsprechend heißt diese Geste in Bosnien auch *bosanski grb* (bosnisches Wappen), weil sie dem heraldischen Arm auf dem Wappen nachgeahmt zu sein scheint.

Hier wird der Zusammenhang zwischen heraldischer Tradition und Körpersprache besonders sinnfällig. Ähnlich wie in Bosnien heißt die Geste in Frankreich *bras*

Bosnisches Wappen der Stadt Kupres

d'honneur (Arm der Ehre), was sich ebenfalls auf die heraldische Tradition zurückführen lassen könnte.

Eine der frühesten Verwendungen dieser Geste in der Kunst findet sich in Fellinis Film *I Vitelloni* (*Die Müßiggänger*) aus dem Jahre 1953, und damit typischerweise auch im Rahmen der romanischen Kulturen.

Wir kennen auch eine euphemistische Version dieser Geste, die der neapolitanische Schauspieler Totò mit großem Gespür für die Inszenierung von komischer Ungeschicktheit artikuliert.

In Italien wird der Name dieser Geste wie in Spanien als sprachlicher Euphemismus gebildet. Dort heißt sie *gesto dell'ombrello,* weil sie etwa so aussieht wie die Haltung des Armes, wenn er einen Regenschirm trägt.

Diese Geste scheint auch unter der aus Italien stammenden Bevölkerung der USA so gebräuchlich gewesen zu sein, dass sie in den USA *the italian salute* heißt.

Alberto Sordi: gesto dell'ombrello, 1953

In anderen romanischen Ländern und Kulturen wird mit der Bezeichnung der Geste vor allem ihr phallischer Charakter unverblümt herausgestellt. Während die kastilische Bezeichnung *corte de manga* eher vom Phallischen in der Bedeutung ablenkt, heißt diese Geste im Katalanischen *butifarra*, nach einer katalanischen Wurstspezialität.

*Totò: misslungener gesto
dell'ombrello*

74

Mohamed Lazhar (Marokko): Le grand pénis

Die *butifarra* wird hier zur Metapher des durch die Armbewegung symbolisierten Phallus. Dadurch ist der Aspekt des Phallischen ebenso dominant wie in der brasilianischen Bezeichnung *banana,* die phallische Frucht *par excellence.*

Entsprechend heißt diese Geste in Marokko, wo sie auch als größte Obszönität verwendet und aufgefasst wird *le grand pénis.* Die Artikulation der Geste ist hier jedoch leicht verändert gegenüber der iberischen und lateinamerikanischen Variante: Hier wird der Unterarm nicht so weit vom Körper weggestreckt und die Hand berührt eher die Armbeuge als den Bizeps.

Interessant ist, dass die spanische respektive kastilische Bezeichnung *corte de manga* gleichermaßen die Armgeste wie den Mittelfingergestus benennt. Das bedeutet, dass beide Gesten von Spaniern, genauer von Kastilianern als gleichartig und mit gleicher Bedeutung versehen verstanden werden.

Statt der Variante mit der auf den Oberarm geschlagenen flachen Hand kann auch eine abgeschwächte Form

Alfonso Vázquez (Spanien, Madrid): corte de manga

gewählt werden, bei der man lediglich mit der Handkante auf den Oberarm schlägt.

Im Extremfall einer vollkommen affektregulierten
butifarra ist es sogar möglich, lediglich mit einigen Fingern vorsichtig den Oberarm zu berühren oder diesen sogar durch den Unterarm zu ersetzen.

Diese Kombination von Armgeste und ausgestrecktem Mittelfinger finden wir nun weitverbreitet. Ein Beispiel stammt von Eddie Vedder, dem Frontmann der
Gruppe Pearl Jam. Hier erkennen wir sogar eine
weitere Variante, denn der Schlag auf den
Oberarm respektive die Armbeuge
wird mit der Handkante
ausgeführt.

»Le zizi«,
»der Vogel Tandaradei«,
»flippin' the bird«

oder weshalb wird so viel gevögelt?

Über das antike Griechenland und die griechischen Kolonien verbreitete sich die Mittelfingergeste auf das Römische Reich, den hellenistischen Osten des Mediterraneums und auch nach Germanien. Von hier aus hat sich die Geste auch auf die Völker ausgebreitet, die das Erbe der antiken Kulturen angetreten und diese Geste schließlich nach Amerika und im Zuge der Globalisierung auch weltweit exportiert haben.

Während ihre Ausführung ähnlich und die beleidigende Funktion gleich blieb, weiß eigentlich niemand, weshalb sie im angelsächsischen Sprachraum mit *flippin' the bird* benannt wird, d.h. wieso ein Zusammenhang zwischen der sexuellen Bedeutung der Geste und der Vorstellung von einem Vogel hergestellt wird.

Wie kommt es, dass ausgerechnet das Motiv des Vogels, der aus der Hand herausgestoßen wird, in der Redewendung eine Rolle spielen kann? Bekannt ist, dass in der altfranzösischen Tradition das männliche Geschlecht bisweilen als »zizi«, also als Sperling bezeichnet wird. Bis auf den heutigen Tag ist »le zizi« der Name für das männliche Geschlecht in familiärer französischer Um-

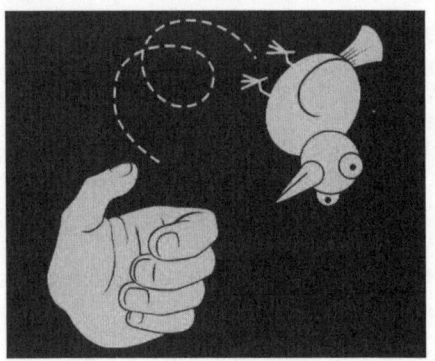

Flippin' the bird

gangssprache. Entsprechende Vorstellungen gibt es im Italienischen, wo der Penis als *uccello,* also als Vogel bezeichnet wird. Die Vorstellung, dass sich das männliche Geschlecht wie ein Sperling durch den Raum bewegt, passt durchaus zu der Vorstellung, dass der Mittelfinger als *bird* aus der Hand herausgestoßen wird. Eine ähnliche Konnotation hat das deutsche Verb »vögeln«. Schon in Walther von der Vogelweides Lied *Unter der Linden,* also schon im 13. Jahrhundert, gibt es den Zusammenhang von Vogel und Geschlechtsverkehr:

Daz er bî mir laege,
wessez iemen
(nu enwelle got!), sô schamt ich mich.
Wes er mit mir pflaege,
niemer niemen
bevinde daz, wan er und ich.
Und ein kleine

z vogellîn:
tandaradei,
daz mac wol getriuwe sîn.

Dass er bei mir lag,
wüsste das jemand
(nein bei Gott!), dann schämte ich mich.
Was er mit mir tat,
nie soll das jemand
wissen außer ihm und mir.
Und jenem kleinen Vogel:
tandaradei,
der wird sicherlich verschwiegen sein.

Die lautmalerische Interjektion *tandaradei* wird im Gedicht zum Namen eines verschwiegenen Vogels, der Zeuge dessen war, was der angesprochene Mann des Gedichtes vollbrachte, als er bei der Erzählerin des Gedichts lag.

In allen drei Bereichen, in der französischen Verwendung des »zizi«, im deutschen Begriff des »Vögelns« und im amerikanischen Begriff des »flipping the bird«, steht der Vogel für das männliche Geschlecht. Zudem gibt es eine mittelalterliche Tradition, in der das Gemächte als Vogel angesprochen wird. (vgl. Hechert, 2004) Woher dies kommt, ist unbekannt. Es gibt jedoch eine antike ikonographische Tradition, wonach der Phallus auch als auffliegender Vogel dargestellt wurde, was auch die immer wieder reaktivierte Traditionslinie begründet haben wird. Eine ganz besondere Form des Nachlebens der Antike also.

Römische Phallus-Vögel

Auf einer attischen, rotfigurigen Vasenmalerei sehen wir, wie Eros als geflügelter Gott eine Frau von hinten ›anfliegt‹, also besteigen will. In einer weiteren Darstellung nähert er sich einer Frau unbekleidet, die selbst schon einmal als Vorzeichen dessen, was geschehen könnte, einen Vogel in der Hand hält. Was in den römischen Phallus-Vögeln als surreale Komposition bereits zu einem Objekt geworden ist, liegt in der rotfigurigen Vasenmalerei noch getrennt als Gemächte des Eros und als Vogel in der Hand der Frau vor.

Phallus-Vogel in Aktion, Athen, 5. Jh. v. u. Z.

Rotfigurige Vasenmalerei mit erotischen Szenen:
kopulierender geflügelter Gott und Vogel in der Hand
einer Frau

In der gleichen Tradition der erotischen Vasenmalerei finden wir natürlich auch die visuellen Klar-
texte, in denen dann nicht mehr der
Vogel in der Hand gehalten,
sondern   gevögelt
wird.

Madonna, Mund und
Mittelfinger

Im ausgestreckten Mittelfinger das gestische Substitut eines Phallus zu sehen, liegt angesichts der vielen antiken Hinweise ziemlich nahe. Dementsprechend sind auch etliche moderne Bilder nachweisbar, in denen Frauen sich in eindeutiger Weise entweder den Mittelfinger in den Mund stecken oder beispielsweise ihren Mittelfinger mit der Zunge lecken als liebkosten sie einen Penis. Fellatio des Mittelfingers könnte man das nennen und es ist auch genau so gemeint.

Madonna Ciccone:
Erotica, 1992

Klarer als auf dem Umschlag des Buches *SEX,* das als Beigabe zur Verpackung der CD *Erotica* (1992) von Madonna Ciccone, der bekannten italo-amerikanischen Komponistin, Texterin und Sängerin, kann man das nicht machen. In dem zugleich mit der CD veröffentlichten Buch führt Madonna als Motto den Satz »I want to teach how to fuck« an. Madonna ist auf dem Photo in einem erotischen Outfit zu sehen, steckt den linken Mittelfinger aus der geschlossenen Hand in den Mund und greift sich zugleich mit der rechten Hand an ihre Vulva. Das Bild sollte provozieren – und tat es auch. In vielen Ländern wurden das Buch und die CD verboten, wobei sich das Buch dennoch über 1,5 Millionen Mal verkaufte.

Klassische Bildung
und Mittelfinger

In James Camerons Film *Titanic* (1997) gibt es eine Szene, die im Script so beschrieben ist, dass Rose, dargestellt von Kate Winslet, eine sehr rohe ›unladylike gesture‹ zeige. Filmisch übersetzt wird dies dadurch, dass Rose dem Fahrstuhlführer den Mittelfinger ausstreckt.

Die hier als roh und nicht damenhaft beschriebene Geste sehen wir im Film als »the Finger«, den Kate Winslet dem Verfolger Lovejoy und der Kamera entgegenstreckt.

Nun gibt es Menschen, die es sich zum Hobby gemacht haben, in Kunstwerken ›Fehler‹ nachzuweisen. Solche Fehler gibt es in der Tat zuhauf, und es kann verstörend sein, wenn in einem Film wie *Troja* der Achilles (dargestellt von Brad Pitt), an der Küste vor Troja lagernd, über die Ägäis nach Westen schaut und den morgendlichen Sonnenaufgang erlebt. Da hat jemand die Naturgesetze dieses Planeten außer Kraft gesetzt. Und hat nicht schon Galileo Galilei in einer Untersuchung über die fiktiven Architekturen in Torquato Tassos Heldenepos *Gerusalemme liberata* feststellen müssen, dass man Paläste wie die dort beschriebenen aus einfachen physikalischen Gründen nicht bauen könnte? Freilich mag, wie Picasso sagte, dem Künstler die Freiheit gewährt bleiben zu ent-

Kate Winslet und Leonardo di Caprio in
James Camerons »Titanic« (1997)

scheiden, ob er in einem Bild etwas Rundes als Quadrat malen will. Manchmal ist aber halt nicht künstlerische Freiheit, sondern Nachlässigkeit oder Unwissenheit Ursache von Befremdlichkeiten in Kunstwerken.

Zurück zur *Titanic:* Einige Fehlersucher kritisierten unter anderem, dass man im Film eine *unladylike gesture* von Rose sehen kann, die es im Jahre 1912 (dem Jahr, in dem der Film spielt) noch gar nicht gegeben habe. James Cameron wurde dann auch von einem besserwisserischen Journalisten gefragt, wie es denn zu diesem Anachronismus kommen konnte. Cameron freilich, ein Regisseur auf der Höhe seines Gegenstands, antwortete, dass es sich dabei um eine bereits in der Antike bekannte und eingesetzte Geste handele. Und er hatte recht damit. Zwar sind nur wenige Bildquellen dazu erhalten, wie etwa die uns bereits bekannte Graburne des 1. Jahrhunderts mit der Darstellung von Gladiatoren, aber die Lage hinsichtlich schriftlicher Quellen ist eindeutig: Wir verfügen über Theaterstücke, Gedichte, Erzählungen, und zwar so reichlich, dass wir die Verwendung des Mittelfingergestus in der Antike als gesichert ansehen können.

IV

Der
Mittelfinger
der Neuzeit

Eine Wiederkehr
des Stinkefingers im
20. Jahrhundert?

Seltsamerweise gibt es praktisch keine bildlichen Hinweise auf die Existenz des Mittelfingergestus während der Spätantike, des Mittelalters und in der Frühen Neuzeit. Dass er wohl dennoch im Gebrauch war, erkennen wir an einer kleinen Bronzefigur, die um 1700 datiert wird.

Und auch ausführlichere Textbelege für den *digitus impudicus* gibt es nach seltenen Belegen in Mittelalter und Früher Neuzeit erst wieder im 20. Jahrhundert.

Der deutsche Begriff des ›Stinkefingers‹ kommt da-

Defäkierender Bauer,
Bronze, Flandern, um 1700,
Wien, Kunsthistorisches
Museum

her, dass der Mittelfinger vor allem in der Medizin genutzt wurde, um in Körperöffnungen einzudringen. Der Sexualwissenschaftler Friedrich Salomon Krauss definierte im Jahre 1905 die umgangssprachliche Äußerung »den Stinkefinger machen« in seiner *Auslese von erotischen Wörtern und von Kraftausdrücken der Berliner Mundart* vorsichtig als »an der weiblichen Scham mit dem Finger spielen«. (Krauss 1905) Wir dürfen jedoch getrost davon ausgehen, dass »Stinkefinger machen« auch bedeutet, zum Zwecke der eigenen und der fremden Stimulation mit dem Mittelfinger in das weibliche Geschlecht einzudringen. In diesem Sinne verwendet auch Lothar-Günther Buchheim diesen Ausdruck in seinem Roman *Das Boot* (1973, 104).

Der romanistische Sprachwissenschaftler Hans-Martin Gauger bezieht die Bezeichnung ›Stinkefinger‹ jedoch weniger auf den Bereich des Sexuellen als auf den der Exkremente und Analität, denn die deutsche Sprache habe die meisten ihrer Schimpfwörter aus diesem Bereich gebildet. In ihrem romanischen Ursprung sei diese Geste nach Gauger dagegen rein sexuell, denn es werde mit ihr die Penetration angedroht. Beides muss jedoch nicht im Widerspruch zueinander stehen, wenn man als das Sexuelle das versteht, was nach Wilhelm Busch beliebt, also auch erlaubt ist. Bemerkenswerterweise wird jedoch
nicht der (längere) Mittelfinger, sondern
der Zeigefinger bei der androlo-
gichen   Untersuchung
der Prostata ein-
geführt.

Der Mittelfinger
in der Medizin

oder warum stinkt der Mittelfinger?

Der ausgestreckte Mittelfinger hatte in der Antike zudem magische Funktion: »Den Mittelfinger gebrauchten die alten Weiber bei Vernichtung des Zaubers, indem sie den Verzauberten damit berührten oder bestrichen, wovon jener Finger der Heilende hieß.« (Sittl, 123) In dem erotischen Roman *Satyricon* des römischen Autors Petronius Arbiter (14–66 n. Chr.) finden wir, um welche Art von Zauber es sich handelt: Der Icherzähler (Polynäos genannt) berichtet darüber, wie er im Liebeskampf versagt hat, weil sein Kopf bereits weiter gewesen ist als seine ›Waffen‹. Er entschuldigt sich dafür bei seiner Geliebten Chrysis (Circe genannt) in einem Schreiben und pflegt und schont in dieser Nacht seinen Körper, um am kommenden Tag bereit zu sein. Als der Icherzähler Polynäos dann erneut auf Chrysis trifft, bringt diese eine alte Frau mit, welche sich offenbar auf medizinische Zauberkunststücke versteht:

»Und wie sie mich begrüßt hatte, sagte sie [Chrysis]: ›Nun, Freund Rührmichnichtan, ob du dich wohl anschickst, einen ›klaren Kopf‹ dein Eigen zu nennen?‹ Die andere zog ein buntes Band aus Kordelfäden aus der

Tasche und schlang es mir um den Hals. Dann bereitete sie ein Gemisch von Speichel und Staub, nahm es mit dem Mittelfinger [digito medio] auf und machte mir damit meinem Widerstreben zum Trotz ein Zeichen auf die Stirn.« (Petronius: *Satyricon* 131,5–6)

In dem Widerstreben des Ich-Erzählers erkennen wir, wie diese Gebärde in ihrer krankheitsabwehrenden wie aggressiven Funktion zugleich wirkt und bei dem Erzähler Unwohlsein hervorruft. Eine analoge, hier aber ausschließlich krankheitsabwehrende Funktion des Mittelfingers erkennen wir in einer Satire des römischen Dichters Aulus Persius Flaccus (34–62 n. Chr.). Er berichtet in seiner zweiten Satire (vv. 32sq.) von einem Schadenszauber, welchen Großmütter und Tanten mit dem Mittelfinger an Neugeborenen vollführen:

> »Siehe, die Großmutter holt und in Furcht der
> Götter die Tante
> Aus der Wiege das Kind, ihm Stirn und
> schimmernde Lippen
> Mit dem mittleren Finger [infami digito] zu feien
> [schützen] und sühnendem Speichel,
> Kundig der Kunst, vorweg die bösen Blicke zu
> bannen.«
> *(Persius: 1974, 25)*

Hier dient der ausgestreckte Mittelfinger, mit dem eine magische Lotion aufgetragen wird, gleichermaßen dem medizinischen Zauber und der Abwehr des bösen Blicks.

Bei Petronius zeigt sich nun im Widerwillen gegen die

Behandlung mit dem *digitus impudicus-medicinalis,* dass die bei Persius anzutreffende Koexistenz beider Funktionen des ausgestreckten Mittelfingers problematisch geworden ist.

Es ist in beiden Fällen zunächst der gleiche schadensabwehrende Zauber. Nur bei Petronius kann der Behandelte interpretieren, was geschieht, und er erkennt neben der apotropäischen Funktion auch die sexuelle Konnotation.

Es liegen hier in der Tendenz zwei verschiedene Funktionsweisen und Interpretationen des Mittelfingers zeitgleich vor. Noch wird bei dem Kind nach Persius der Mittelfinger als schadensabwehrende Geste eingesetzt, während bei Petronius schon Widerwillen gezeigt wird. Es dürfte hier ein Prozess in Gang kommen, in dem die medizinische Funktion des Mittelfingers verschwinden wird. Ärzte verzichten immer mehr darauf, den Mittelfinger zum Auftragen von Salben zu verwenden, und benutzen stattdessen den Ringfinger. Der Transfer der Bedeutung und Funktion des *medicinalis* vom Mittelfinger auf den Ringfinger ist bei dem spätantiken Mediziner Galen (2. Jh.) bereits dahingehend vorangeschritten, dass er den Ringfinger als den Finger bezeichnet, welcher den Ärzten heilig ist. Auch bei dem spätantiken römischen Philosophen Macrobius in den *Saturnalia* (etwa 420 u. Z.) ist die Trennung der Funktionen von Mittel- und Ringfinger bereits deutlich vollzogen. Hier heißt es über den Ringfinger: »Daher steckt man sich den Ring auf den Finger, der dem kleinsten benachbart ist, und den man auch den Medizinfinger nennt.« (Macrobius: *Saturnalia,* VII, 13) Der Ringfinger ist hier bereits der *digitus medicinalis*. Macrobius' Darstellung setzt also den weitgehenden und vielleicht auch schon abgeschlossenen Transfer der medizinischen Funktion vom Mittelfinger auf den Ringfinger voraus. Dennoch finden wir sogar noch im 7. Jahrhundert Belege dafür, dass der Mittelfinger – wenigstens aus einer wortgeschichtlichen Tradition heraus – noch als *digitus medicinalis* bekannt war. So schreibt Bridefert, ein hochmittelalterlicher Kommentator, zu einer angeblich von dem angelsächsischen Benediktinermönch Beda Venerabilis (672–735) stammenden Abhandlung über das Rechnen mit Fingern (*De Loquela per gestum digitorum et temporum ratione*) über den Mittelfinger, dass dieser der ›anstößige‹ genannt werde, obgleich ihn die Ärzte zu medizinischen Zwecken verwendeten:

»Der dritte heißt schamloser Finger [impudicus], obgleich die Ärzte mit selbigem üblicherweise die zerstörten Stellen von Wunden berühren.« (Bridefert: 1850, 692)

Hier kollidieren noch der alte Name und die medizinische Funktion miteinander. Dagegen weiß bereits der mittelalterliche Enzyklopädist Isidor von Sevilla in seiner *Etymologiae* (ca. 620) davon, dass der Mittelfinger und der Ringfinger sich darin unterscheiden, dass der eine zum Zwecke des Angriffs, der andere zu medizinischen Zwecken eingesetzt wird:

»Der dritte heißt der Schamlose [*impudicus*], was dadurch bewiesen werden kann, dass zumeist mit ihm Verhöhnungen ausgedrückt werden. Der vierte heißt Ringfinger, weil auf ihm der Ring getragen wird. Er heißt aber auch Medizinfinger.« (Isidor von Sevilla: 1859, 406)

Wir haben es hier also mit einer Zeit zu tun, aus der gleichermaßen Quellen für die medizinische Funktion des Mittelfingers wie die des Ringfingers überliefert sind. Beide Praktiken dürften noch zeitgleich eine Rolle gespielt haben, auch wenn die Tendenz zur Dissoziation bereits angelegt war.

Es scheint so, als zeichnete sich in der Überführung der magisch-medizinischen Funktion vom Mittelfinger auf den Ringfinger ein Wandel ab, der dem moralischen Druck zur Vermeidung des Tabubruchs folgt und dessen Ziel die Unterdrückung der obszönen Handgeste ist. Wir erkennen hier, wie wenigstens ein Teil der kulturellen und intellektuellen Elite an der Bedeutung des ausgestreckten Mittelfingers arbeitet, um ihn aus der Ecke der gestischen Injurien herauszuholen, den Begriff zu tilgen, und diese Geste zu einer zum Medizinerberuf gehörigen Handbewegung umzudefinieren. Mit der Substitution des zu medizinisch-magischen Zwecken eingesetzten, ausgestreckten Mittelfingers durch den Ringfinger verschwinden auch konsequenterweise die literarischen Quellen für den *digitus impudicus.*

Obwohl die Mittelfingergeste heute weitverbreitet ist, finden wir über Jahrhunderte kaum Quellen zu ihrer Verwendung. Lediglich in den lateinischen wie volkssprachlichen Wörterbüchern seit der Frühen Neuzeit finden wir Hinweise, so zum Beispiel in Antoine Furetières *Dictionaire universel contenant generalement tous les mots françois tant vieux que modernes* (1690) im Artikel *Doigt* über den dritten Finger:

»Der dritte Finger heißt Mittelfinger, den die Lateiner *medius, obscœnus, impudicus, famosus* nannten, weil man sich seiner früher bediente, um sich über jemanden lustig zu machen oder ihn zu diffamieren. Der vierte Finger wird der *Arzt* genannt, weil die Alten die Angewohnheit hatten, die Medikamente mit diesem Finger aufzutragen.« (Furetière: 1690, Artikel *Doigt*)

Hier erscheinen im Rückblick auf die Antike die Funktionen des *digitus impudicus* und die des *digitus medicinalis* bereits ganz eindeutig auf Mittel- und Ringfinger aufgeteilt. Dies ist aber erst das Ergebnis der Transformation der Geste, die tatsächlich späteren Ursprungs ist. Zweitens behauptet Furetière, dass man sich früher des *digitus infamis* bediente, um sich über jemanden lustig zu machen oder ihn zu diffamieren. Daraus kann man schließen, dass diese Gebärde in seiner Gegenwart außer Gebrauch geraten ist. Ob dies wirklich zutrifft, kann nur schwer festgestellt werden. Es mag sein, dass in Furetières Auskünften auch der Wunsch enthalten ist, dass man diese Gebärde nicht mehr verwende. In jedem Fall dürften hier die Impulse, die im 17. Jahrhundert aus dem Ideal der *honnêteté* und der *courtoisie* (also der Ehrenhaftigkeit und der Höfischheit, aus der dann die Höflichkeit wird) auch für das körperliche Verhalten des Menschen herrühren, bei der Darstellung der Verhältnisse durch Furetière nicht zu gering veranschlagt werden. Ein *honnête-homme* (oder sein englisches Pendant, der *gentle-man*) des 17. Jahrhunderts lässt sich nicht zu der Beleidigung eines anderen hinreißen, denn er achtet immer darauf, dass er als derjenige dasteht, der es an Taktgefühl nicht mangeln lässt und dem eine hochemotionale Mitteilung, sei es durch Worte oder sei es durch Gesten, nicht unterläuft.

Es ist jedoch zu vermuten, dass diese Gebärde in ihrer aggressiven Funktion gegenüber anderen Personen und vielleicht auch in ihrer schadensabwehrenden Funktion, wohl gegen religiöse Versuche, sie zu bekämpfen, überlebt hat. Wir können die Anwesenheit dieser Gebärde in der weiteren europäischen Kulturgeschichte zunächst nur darin erkennen, dass beispielsweise die verschiedensten Systeme der Fingerzahlen regelmäßig darauf verzichten, eine Fingerstellung als Fingerzahl zu verwenden, die aussieht wie der *digitus impudicus.* (Gross: 1969)

Den Bösen Blick der
Kamera abwehren

Eine der ältesten Funktionen des Mittelfingergestus ist es, den >bösen Blick< abzuwehren. Auch der defäkierende Bauer der kleinen Bronzefigur um 1700 sieht aus, als wolle er ganz offensichtlich nicht beim, sagen wir es deutsch, Kacken beobachtet werden. Mit dem Aufkommen der Photographie vermehrt sich auch die Zahl der verfügbaren Bildquellen, die uns den Mittelfingergestus zeigen. Eine der ältesten Photographien gibt uns die Aufstellung einer Baseballmannschaft aus dem Jahre 1886 wieder. Hier richtet sich Old Hoss Radbourn, einer der Spieler der Boston Beaneaters, mit dem ausgestreckten Mittelfinger gegen die Kamera und damit gegen den Umstand, dass das Auge der Kamera auf ihn gerichtet ist. Er übt diese Geste mit einer solchen Selbstverständlichkeit und einer, so scheint es, lange eingeübten euphemistischen Haltung aus, dass es nicht so aussieht, als handele es sich hierbei um eine erst wieder neu aufgekommene Geste.

Die Kommunikation mit dem Blick des anderen, mit dem Objektiv, mit der Kamera, gegebenenfalls aber auch mit dem eigenen Spiegelbild finden wir dann in einer Szene aus dem Film *Speedy* (1928) von Harold Lloyd wieder in Szene gesetzt. Hier sehen wir, wie Harold Lloyd in einem Spiegelkabinett in einen Zerrspiegel schaut. Das

Boston Beaneaters, 1886:
Der erste photographierte Stinkefinger

Spiegelbild im Zerrspiegel schaut wieder zurück, worauf er seinem Spiegelbild mit seiner linken Hand den Mittelfingergestus zeigt, so als würde er von jemandem anderes ungewollt betrachtet werden. Mit der Rechten hätte er dies schlecht tun können, denn sechs Jahre zuvor hatte er den Daumen und den Zeigefinger sowie einen Teil der Handfläche seiner rechten Hand verloren.

In der Folgezeit finden wir in dem Maße, wie sich die Bildreportage entwickelt und den Prominenten kamerabewaffnet nachgestellt wird, zunehmend gegen die Kamera gerichtete Mittelfingergesten.

Der *digitus impudicus* scheint, nachdem er vorher nur sehr vereinzelt vorkam – wie aus dem Nichts zu Beginn der 1950er-Jahre wieder aufzutauchen. Wahrscheinlich heißt das aber nur, dass er etwa zu diesem Zeitpunkt erst wieder zu medialer Präsenz gelangt. Es ist dennoch bemerkenswert, dass wir über keine Quellen aus der Zeit

*Old Hoss Radbourn, Spieler der Boston
Beaneaters, richtet den Mittelfinger gegen die
Kamera*

des Zweiten Weltkriegs verfügen. Das kann damit zu tun
haben, dass die Propaganda über die Frontlinien hinweg
vor allem mit Worten, aber weniger mit Gesten vollzogen wurde. Es gibt Propagandabilder, in denen Hitler einen Tritt in den Hintern bekommt, aber keine, in denen
ihm der Stinkefinger gezeigt wird. Es mag sein, dass diese
ja schon in der Antike zur Zeit des Diogenes als außer-
ordentlich obszön geltende Gebärde im Zusammenhang
mit dem Wechsel der magisch-medizinischen Funktion
auf den Ringfinger immer geläufig war, schon aus Gründen des Taktes nicht in den Medien erwähnt wurde. Früheste Bildquellen für den neuzeitlichen Einsatz des *digitus
impudicus* finden wir bei einigen Filmstars der 1950er-
und 1960er-Jahre, dann bei Rockmusikern und schließlich bei Sportlern wie Ilie Năstase, der es zu einer der
wohl berühmtesten Mittelfingerattacken kommen ließ.
Bei den American Open des Jahres 1979 spielte er gegen

Harold Lloyd zeigt seinem
Spiegelbild den Mittelfinger, aus: »Speedy« (1928).

John McEnroe, der schließlich gewann. Da er sich unge-
recht behandelt fühlte, zeigte er dann der Öffentlichkeit
den Stinkefinger, was als grobe Unsportlichkeit getadelt
wurde. Womit er genau bestraft wurde, kann nicht mehr
ermittelt werden. In einem ähnlich gelagerten, späteren
Fall im Jahre 1990 hieß es vom Schiedsrichterstuhl aus
gegen John McEnroe nur kurz und knapp: »Code viola-
tion, verbal abuse. Default, Mr. McEnroe. Game, set and
match, Pernfors.« Hinzu kamen 6500 Dollar: 5000 wegen Werfens des Schlägers, 500 wegen einer verbalen Entgleisung und 1000 wegen der Disqualifikation. Und noch
einmal zehn Jahre später wurde Fabio Fognini bei einem
Tennisturnier in Schanghai wegen Zeigens des Stinkefingers zu 2000 Dollar Strafe verurteilt.

Später trug John McEnroe unter seinem Tennis-Shirt
ein weiteres T-Shirt, auf das er einen ausgestreckten Mittelfinger hatte drucken lassen. Gelegentlich hob er dann
sein Tennis-Shirt hoch, um den Aufdruck auf seinem

Ilie Năstase zeigt den Mittelfinger

T-Shirt öffentlich zu präsentieren. Er hatte den Stinkefinger durch Medienwechsel von der Geste zu einem graphischen Zeichen gemacht, das derjenige, der ihn vorführen wollte, nicht mehr selbst zu artikulieren brauchte. Dies ist der älteste Beleg für einen graphischen Euphemismus der Mittelfingergeste.

Seitdem verfügen wir über eine wahrhaft nicht abreißen wollende Flut von Bildquellen dokumentarischer oder auch inszenierter Art. Die Verbreitung von Bildern dieser Gebärde durch sich komisch gebende Postkarten, durch Prominente, die sie öffentlich vorführen, Buchillustrationen, erotische Grafik und durch Filme sorgt für ihre internationale Bekanntheit. So alt die Gebärde des *digitus impudicus* auch ist, so ist sie zugleich auch eine der modernsten im Sinne von gegenwärtigsten und durch die Medien am weitesten verbreiteten.

Zwei Mittelfinger sind besser als einer

Wir sehen einen breitschultrigen Mann, dessen Jackett den Eindruck der Bulligkeit noch verstärkt: Die spitz zulaufenden Revers der Jacke weisen direkt auf die breiten Schultern und vergrößern diese optisch. Hier tritt ein dominantes männliches Exemplar der Primatensorte *Homo* auf, das, was man bei den Gorillas ›Silberrücken‹ nennt. Was diesem männlichen Primaten der Gattung *Homo* das Jackett mit den ausladenden Revers, das sind Generälen die tressenbehängten Epauletten und dem Silberrücken der mächtig erhobene Brustkorb, auf den er trommelt. Was Menschen mit Kleidungsstücken zeigen, sind nur anders geartete Formen des Männlichkeitsgebarens unter Primaten; darauf haben Evolutionsbiologen wie Desmond Morris, Irenäus Eibl-Eibesfeldt oder Jared Diamond, der das Buch *Der dritte Schimpanse* schrieb, hingewiesen. Allerdings trommelt dieser menschliche Primat nicht wie der Silberrücken mit den Fäusten gegen die eigene Brust, sondern er setzt beide Fäuste ein, um einen verdoppelten Mittelfingergestus zu zeigen. Die Geste kommt jedoch dem Machtgebaren von Gorillas gleich.

In archaischen Sprachen spielt das Verfahren der Verdoppelung eines Wortes eine beträchtliche Rolle. Man drückt dadurch entweder den Plural aus oder bewirkt

Marlon Brando während der Dreharbeiten zum
Film »Der Pate«

eine Intensivierung der Aussage. Die Körpersprache hat
nun gegenüber der verbalen Sprache den Vorteil, dass sie
die Verdoppelung nicht in der Zeit präsentieren muss,
sondern dass durch die Verdoppelung der Geste, die jetzt
beidhändig ausgeführt wird, eine simultane Verstärkung
der Aussage bewirkt werden kann.

Auch der Inszenierungscharakter dieses Auftritts ist
bemerkenswert: Es handelt sich bei diesem Mann um
Marlon Brando, der sie während der Dreharbeiten zum Film *Der Pate* zeigt: Marlon
Brando setzt nicht sich selbst in
Szene, sondern in der Rolle
als Mafiaboss, den
er spielt.

Mittelfinger und
Gesichtsausdruck »f. u.«

Vielfach wird der Mittelfingergestus mimisch unterstrichen, mit einem sehr bestimmten Gesichtsausdruck kombiniert. Dabei sind verschiedene Ausdrücke möglich: Die Spannweite reicht vom Zorn, zur Abwehr des Ärgers und der Aggression bis zum Lachen oder einem verhöhnenden Gesichtsausdruck. Schließlich finden wir ein recht häufig auftauchendes Phänomen: Während der Mittelfingergestus artikuliert wird, legt derjenige, der ihn artikuliert, die obere Zahnreihe auf die untere Lippe, als wolle er ein Wort sagen, das im Englischen wie im Deutschen mit »f« beginnt und auf »ck« endet.

Johnny Cash, Mittelfinger und »fuck you«,
im San Quentin State Prison, 1969

Immer werden Geste und verbale Artikulation zusammen ausgedrückt, auch wenn die verbale Artikulation nicht voll ausgesprochen, sondern angedeutet bleibt. Es fehlen also nicht unbedingt die Worte, wenn man zur Geste greift, sondern das sprachliche Äquivalent Geste kann immer präsent sein.

V

Der
politische
Stinkefinger

Wenn Politiker sich im Register der
Körpersprache irren

Der Mittelfinger
in der Politik

Das Zeigen des Mittelfingers gilt als unfein, das hatten
wir schon in den *Wolken* des Aristophanes gesehen. Ein
Rhetoriklehrer wie Sokrates stigmatisiert ihn als nicht zur
anständigen Rede eines Polisbewohners gehöriges Zeichen der Körpersprache, die ja in der antiken Rhetorik
als ein wichtiger Bestandteil des kommunikativen Verhaltens als *actio* thematisiert und gelehrt wurde.

Für das Mittelalter liegen kaum Nachweise des Gestus
vor; Krieger, die ihre Lanzen ergriffen, streckten aus der
um den Schaft der Lanze geschlossenen Hand den Mittelfinger heraus, worin man ein archaisches phallisches
Verhalten erkennen kann, das dem auf Steinzeichnungen
aus der Bronzezeit ebenso wie als *digitus impudicus* auf
Darstellungen aus der Kultur der römischen Gladiatoren
(Abbildungen in diesem Buch auf Seite 28 und 30) ent-
spricht.

Unklar ist, wie es sich um den Stinkefinger oder den
Mittelfingergestus verhielt, als das Mittelalter vorbei war
und die Renaissance begann, neue Maßstäbe des Verhaltens zu setzen. Noch schwieriger ist die Frage zu beant-
worten, weshalb der Mittelfingergestus nach dem Mittelalter weitgehend außer Gebrauch kam.

Vereinzelte Beispiele für den Einsatz des herausgestreckten Mittelfingers finden wir jedoch typischerweise in den burlesken Romanen des französischen Renaissanceautors François Rabelais im 16. Jahrhundert. Im 19. Kapitel seines berühmten satirischen Weltromans *Pantagruel* führt er einen umfangreichen Dialog ohne Worte vor, in dem kein Wort gesagt, sondern nur mit Gebärden diskutiert wird. Ein englischer Philosoph macht dabei u. a. folgende Gebärde:

»Mit dem Mittelfinger der rechten Hand schlug Thaumaste gegen den Muskel der Handfläche, der unter dem Daumen ist.« (Rabelais: 1955, 256)

Nun ist gerade im Französischen, wo der Muskel der Handfläche *souris* (Maus) heißt, die sprachliche Situation gerade so, dass *souris* in familiärer Sprache auch das weibliche Geschlecht bezeichnet. Wenn also mit dem Mittelfinger die Maus der Hand berührt wird, dann dürfte die sexuelle Konnotation überdeutlich sein. Der ausgestreckte Mittelfinger ist hier eine Variante des *digitus impudicus*. In einzelnen Regionen Europas, wie in Spanien beispielsweise, kommt die Geste des *digitus impudicus* allerdings überhaupt nicht mehr vor. Obgleich seine antike Bedeutung noch bekannt ist, lesen wir in spanischen Wörterbüchern des 18. Jahrhunderts, dass der Mittelfinger der *dedo del corazón,* der Herzensfinger sei, weil man ihn bei der Ansprache an eine andere Person so an den Saum der Jacke lege, dass er auf das Herz zeige: »Im Allgemeinen nennt man ihn den Herzensfinger, zumal man glaubte, dass er mit dem Herzen eine enge Beziehung habe.« (*Diccionario de Autoridades:* 1732, 44–45) Damit ist der Mittelfinger wenigstens für Spanien und für die iberische Halbinsel insgesamt vollkommen entschärft. An die Stelle des Stinkefingerzeigens jedoch tritt das Vorzeigen des ausgestreckten Armes, auf dessen Oberarm man mit der Hand des anderen Armes schlägt: Es ist die Geste des *corte de manga,* die heute als vollkommenes Äquivalent des Stinkefingers in Spanien, Portugal und Brasilien sowie anderen von der spanischen Tradition beeinflussten Ländern verwendet wird.

Mit dem Aufkommen einer neuartigen Staatlichkeit im Zuge der Entwicklung der Frühen Neuzeit kamen auch neue Benimmregeln auf, die das Ziel hatten, das Maß der Aggressivität in der Kommunikation und in der Interaktion so weit zu reduzieren, dass die alten faustrechtlichen Verhältnisse ausgelöscht werden konnten. Norbert Elias bezeichnet dies als Bestandteil des Prozesses der Zivilisation, und wahrscheinlich dürfte das Verschwinden des Mittelfingergestus aus der Körpersprache des modern zivilisierten Mannes damit zu tun haben. *Gentleman, honnête-homme* oder Hofmann haben sich in einer Art und Weise zu verhalten, dass sie die anderen nicht skandalisieren. Dies bedeutet, dass sich der Träger dieses Verhaltensideals auch in der Frage der Artikulation seines Körpers so weit zurückhält, dass er keine Konflikte mit anderen erzeugt.

Die Annahme, dass mit der Reduktion der Affektivität des Verhaltens und der Kommunikation auch der Gebrauch der Gesten zurückgegangen ist, können wir bestätigt finden, wenn wir die Rhetoriktraktate der Zeit konsultieren. War in der antiken Tradition auch immer umfangreich von der angemessenen Körpersprache des

Bush Vater und Bush Sohn und ihre Mittelfinger

Redners, also der *actio* die Rede, so verschwindet diese seit dem ausgehenden 16. Jahrhundert aus den Rhetoriken: Das Wort hatte als ›sublimer logos‹ über die ›primitive‹ Geste gesiegt.

Während der Mittelfingergestus in der höfischen Gesellschaft in die Kategorie der *do nots* fiel, so scheint er, wie schon zu Zeiten des Sokrates, weiterhin im bäuerischen Milieu überlebt zu haben. Darauf deutet die schon vorne erwähnte kleine Figur vom Beginn des 18. Jahrhunderts hin, die einen Bauern in zweifach anstößiger Weise zeigt: Erstens hockt er mit heruntergelassener Hose und defäkiert, und zweitens streckt er während dieses Vorgangs eine Hand mit ausgestrecktem Mittelfinger hervor.

Die Geste ist also sowohl obszön als auch bäuerisch – für moderne Politiker ist die Geste also, so sollte man denken, vollkommen tabu. Dem ist aber nicht so: Aus den USA sind zahlreiche Bilder bekannt, welche sogar US-Präsidenten mit ausgestrecktem Mittelfinger zeigen.

Barack Obamas euphemistischer Mittelfinger?

Vater und Sohn Bush haben sich mit Mittelfingerklartext ablichten lassen. Obgleich die Familie Bush ihr Geld seit Jahrzehnten mit den verschiedensten Geschäften, so u. a. auch in der Sicherheitsindustrie verdient, inszeniert man sich als Farmer und Rancher und das bedeutet, dass ein zum Alltagsgestus avancierter Stinkefinger oder *one finger salute* verwendet werden darf. Niemand nimmt ihnen das übel, denn von Texanern erwartet man nichts anderes als ein Verhalten, das einem Rinder treibenden Vaquero, einem Cowboy also, und damit im Sinne des Sokrates bei Aristophanes der eher bäuerischen und damit auch nicht städtischen Bevölkerung gut zu Gesicht stünde. Selbstverständlich hatten beide US-Präsidenten Berater für das Image und das Auftreten in der Öffentlichkeit. Doch scheint hier für beide der ausgestreckte Mittelfinger durchaus angemessen gewesen zu sein.

Anders ist es bei Obama, der einen dezenten Einsatz des Mittelfingers pflegt. Er gehört zu der städtischen

Elite, in die er als Afroamerikaner durch Bildung aufgerückt ist, er zeigt also dergleichen ungebildetes Verhalten üblicherweise nicht. Er betreibt hier bestenfalls das kultivierte Understatement der gebildeten Schichten. Wie zufällig berührt er seine Lippen mit dem Mittelfinger, die Hand, auf die er sich stützt, berührt zufälligerweise mit ausgestrecktem Mittelfinger die Stirn oder er kratzt sich ebenso zufälligerweise mit dem Mittelfinger am Auge. Es wird von den Kommentatoren derartiger Präsidentenbilder sofort festgestellt, dass es sich hier um eine abgeschwächte Form des ausgestreckten Mittelfingers handelt, selbst wenn Obama dies nicht in jedem Fall beabsichtigt haben sollte. Aber: Unbewusste Gesten gibt es nicht und die Selbstinszenierung von Menschen, die derart im Rampenlicht stehen, ist genau kalkuliert, wird von Spezialisten der *public relations* geplant, die auf die Einhaltung einer abgesprochenen Körperdisziplin bestehen. Da mit entsprechenden Kommentaren immer gerechnet werden muss, kann es kaum anders sein, als dass die Medienberater Obamas ihm den nur eher moderaten Einsatz jener Geste empfohlen haben, die ja auch *american one finger salute* heißt und ihn damit als zur US-amerikanischen Gesellschaft gehörig ausweist.

Peer Steinbrücks Mittelfinger hingegen ist die Schwundstufe der sozialdemokratischen Programmatik und der Verbundenheit der SPD mit der Arbeiterklasse, also einer ›Unterschicht‹. Er zeigte sich nach unendlichen Verlusten der SPD im Zuge der Durchsetzung der Agenda 2010 mit dieser Geste im Wahlkampf 2013 noch einmal dem proletarischen Wahlvolk. Er will mit der Geste Volksverbundenheit demonstrieren. Steinbrücks

*Peer Steinbrück: Bras d'honneur
mit Mittelfinger, 2013*

PR-Berater hatte ihm abgeraten, das Bild veröffentlichen zu lassen, doch Steinbrück, der ja auch damit nicht hinterm Berg hält, in der Schule zweimal sitzen geblieben zu sein, wollte offensichtlich zeigen, dass er sich nicht ganz der Disziplin und damit auch der Körperdisziplin der politischen Elite der BRD unterwirft.

Frank Bsirske: Doppelter Stinkefinger, November 2010

Auch Frank Bsirske, der Vorsitzende der Gewerk-
schaft *Verdi,* hatte den Mittelfinger im November 2010
in der Öffentlichkeit gezeigt, um die Ablehnung der ak-
tuellen Sozialpolitik durch die Gewerkschaften zu signalisieren. Hier sprang der Funke über und die Geste wurde
zum Symbol kollektiver Kritik. Wenn Bsirske
die Mittelfinger erhob, dann versam-
melte er Gleichgesinnte
im symbolischen
Protest.

Black Power &
ausgestreckter Mittelfinger

Aus der Musik, vor allem aus Rock, Hardrock und Punk, ist der Mittelfingergestus kaum mehr wegzudenken. Seine Karriere begann, als durch die allgemeine Politisierung der Jugendbewegungen auch jugendkulturelle Phänomene wie Musik politisch aufgeladen wurden.

Schauen wir z. B. ein Photo von Ike and Tina Turner, das vom Ende der 1960er-Jahre stammt. Hier sehen wir Ike Turner mit einem T-Shirt bekleidet auf dessen Brust die schwarze Faust, das Emblem der Black-Power-Bewegung aufgedruckt ist. Ike Turner trägt die damals als Ausdruck eines politischen Emanzipationswillens von vielen Afroamerikanern gewählte Frisur des Afro-Looks.

Ike and Tina Turner

Er blickt in die Kamera und zeigt dabei zugleich den Mittelfingergestus. Es ist offensichtlich, dass afrikanische Haartracht, Black-Power-Emblem und Mittelfingergestus demonstrativ als Provokation eingesetzt werden: Ich bin schwarz, ich bin anders, ich zeige denen, die dies nicht gut finden, den Mittelfinger. Der Mittelfingergestus ist hier Bestandteil der Selbstinszenierung eines Musikers der neuen Generation, er ist aber zugleich auch ein Äquivalent zu den politisch konnotierten Zeichen wie Black-Power-Emblem und Afro-Look.

In der damaligen Zeit hatte die Analyse der politischen und kulturellen Tendenzen und Vorlieben beim jugendlichen Publikum, das immer mehr als zahlungskräftige Käuferschicht entdeckt wurde, zur Konsequenz, dass sich Musiker, und in diesem Fall sich sogar als politisch in Szene setzende Musiker, auch die Zeichen verwenden mussten, die sie zugehörig zu der neuen Protestkultur kennzeichneten.

Dass der Mittelfingergestus bereits zuvor von den Afroamerikanern als Geste übernommen worden war, zeigt ein Photo von Martin Luther King, der hier aber eher belustigt denn als von Aggressionen getrieben, den Mittelfingergestus zeigt.

Während im Bereich des Musikbusiness der Stinkefinger seit den späten 1960er-Jahren geradezu zu den Emblemen einer angemessenen Selbstinszenierung gehört, ist dies im Fall der politischen Bewegung nicht so einfach.

Betrachten wir zwei Photos des afroamerikanischen Politikers Malcolm X. Auf dem einen Photo kratzt er sich mit dem Mittelfinger am Auge oder stützt den Kopf auf den Mittelfinger seiner rechten Hand. Es bleibt un-

*Martin Luther King: Predigt und Politik mit dem
Mittelfinger*

klar, ob es sich um einen Euphemismus für den Mittelfingergestus handelt oder um eine zufällige Konfiguration
der Hand. Im Falle des Euphemismus handelte es sich
dann um eine intentionale Geste der Hand, die jedoch als
Adaptor, d. h. als zufällige Selbstberührung getarnt wäre.

Auf einem weiteren Photo, das ihn mit einer Zeitung
in der Hand zeigt, hält er diese Zeitung mit der rechten
Hand über Schulterhöhe und scheint sich dabei zugleich
an der Wange zu kratzen. Dies tut er mit dem Mittelfinger, wobei es so erscheint, als brauche er den Zeigefinger,
mit dem man sich normalerweise kratzen würde, um die
Zeitung in der Hand zu halten und zu fixieren.

Im vollen Bewusstsein photographiert zu werden, hat
sich Malcolm X so in Szene gesetzt, dass er gleichermaßen die kritische Zeitung wie auch seinen Mittelfinger
zeigt, den er gewissermaßen der Öffentlichkeit entgegen-
hält, die mit seinen Zielen nicht einverstanden ist. Allerdings vermeidet er eine zu große Provokation, denn klug
genug weiß er als afroamerikanischer Politiker, dass er

Der Mittelfinger von Malcolm X

sich keinen öffentlichen und die Öffentlichkeit skandalisierenden Fauxpas in der Frage der Körpersprache leisten darf. So bleibt es bei dem mit politischem Kalkül eingesetzten Euphemismus des Mittelfingergestus. Zweifel daran, ob es sich dabei nicht doch um eine zufällige Handbewegung handeln könnte, dürfen bestehen bleiben. Doch wir sehen gleich, wie ein mehrfach wie zufällig der Kamera vorgeführter Mittelfinger wirkungsvoll ist und mit erheblichen Konsequenzen für die Betroffenen durchaus als ein solcher verstanden wurde.

Ein Stinkefinger für den
geliebten Führer Kim Il Sung

Am 23. Januar 1968 wurde das als Umweltforschungs-
schiff getarnte US-amerikanische Spionageschiff *USS
Pueblo* von der nordkoreanischen Marine aufgebracht
und geentert. Es befindet sich bis auf den heutigen Tag als
Trophäe in nordkoreanischem Besitz. Die *Pueblo* kam in
den nordkoreanischen Hafen Wŏnsan und die Besatzung
in ein Gefangenenlager. Dort sollte inszeniert werden,
dass die Besatzung in die KVDR (Koreanische Volksde-
mokratische Republik, gemeinhin Nordkorea genannt)
übergelaufen sei. Man nahm von einigen der 80 Besat-
zungsmitglieder Photos auf, um den Triumph Nordko-
reas zu demonstrieren. Auf einem der Bilder allerdings
stützen zwei der Spionagesoldaten ihren Kopf auf ihre
Hände, aus denen wie zufällig der Mittelfinger heraus-
ragt: Jeder Westler, der das Bild sieht, weiß: Hier zeigt der
Gefangene dem Photographen auf verdeckte Weise den
Stinkefinger. Umgekehrt konnten die Matrosen sicherge-
hen: Man würde ihre politische Haltung an der Haltung
ihrer Hände verstehen.

Und die Gefangenen scheinen sich abgesprochen zu
haben: Auf einem weiteren Photo zeigen drei der Besat-
zungsmitglieder den in diesem Falle nach unten gerichteten *american one finger salute*. Auf einem weiteren Bild

Nordkoreanisches Propagandaphoto unterlaufen:
Die Besatzung der »USS Pueblo« zeigt den Finger

erkennen wir, wie einer der Soldaten diese Geste sinniger-
weise genau vor seinem Genital mit in den Schoß geleg-
ten Händen zeigt.

Die Bilder gingen, freigegeben von der nordkoreanischen Marine, um die Welt. In Nordkorea hatte freilich

Nordkoreanisches Propagandaphoto mit
drei Mittelfingern

*Nordkoreanisches Propagandaphoto: Mittelfinger
am Gemächte*

niemand verstanden (und auch nicht verstehen können),
weshalb die Abgelichteten so besondere Handstellungen
zeigten, denn der Stinkefinger gehört nicht ins Arsenal
koreanischer Körpersprache.

Erst als den Zuständigen entsprechende Informationen
zugänglich wurden, erkannten sie, dass die Gefangenen
den Propagandacoup mit dem ausgestreckten Mittelfinger
durchkreuzt hatten. Die Folge war eine wesentlich härtere
Behandlung im Gefangenenlager. Aber mit den Photos
begannen auch die Verhandlungen zur Freilassung
der Besatzung, die dann am 23. Dezember
1968 in Richtung Südkorea über den
Grenzort Panmunjeom aus der
Gefangenschaft entlas-
sen wurde.

Mittelfinger, butifarra und
das Ende der Tauromachie
in Katalonien

Am 1. Januar 2012 fand in der Arena von Barcelona der letzte Stierkampf auf katalanischem Boden statt. Zuvor hatte das katalanische Regionalparlament das Verbot der Fiesta (wie die Corrida in Katalonien genannt wird) beschlossen. Diese Entscheidung kam mitten in den allgemeinen Niedergang der Tauromachie in Spanien, und er betrifft nicht nur Katalonien, sondern auch Kastilien. Das Verbot hat aber auch eine politische Konnotation, denn der Stierkampf gilt in Katalonien als fremder Import aus Kastilien. Zwar versuchten Toreros in Katalonien zuletzt sogar mit der katalanischen Fahne als *muleta* um den tödlichen Degen, die kulturelle Zugehörigkeit der Tauromachie zu Katalonien zu unterstreichen. Doch mit dem Niedergang des Stierkampfes in Spanien, mit seinem Verbot in Katalonien, mit den immer wieder aus Gründen der Werbung um den Zuschauer auftauchenden Hinweisen bei Stierkampfveranstaltungen in Südfrankreich, dass diese *sans mise à mort,* also ohne die Tötung des Stieres durchgeführt würden, endet eine archaische Tradition des Kampfes mit dem Stier, die wohl auf uralte Fruchtbarkeitsrituale im Mittelmeerraum zurückgeführt werden kann.

Bernardo Domb alias Simón Casas grüßt die
Regierung aus der Arena von Nîmes

Bemerkenswerterweise ist einer der Hauptakteure des Stierkampfes in Spanien, Bernardo Domb, auch unter dem spanischen Pseudonym Simón Casas bekannt, nicht etwa ein Kastilier, sondern ein Franzose. Domb ist Stierzüchter, ehemaliger Torero und Organisator zahlreicher Stierkampfveranstaltungen in Südfrankreich und sogar der Arena von Madrid. Nach dem Verbot der Fiesta in Katalonien ist ein Photo von ihm bekannt geworden, auf dem er in der Arena von Nîmes in Südfrankreich den *bras d'honneur* in Verbindung mit dem *doigt d'honneur,* dem Mittelfingergestus, zeigt. Die obere Zahnreihe hat er auf die Lippen gepresst, als würde er ganz unfranzösisch und ganz unspanisch das englische »F-Wort« sagen wollen. Die Geste richtete sich gegen die Regionalregierung von Katalonien, die dem Stierkampf in ihrem Regierungsbereich gerade ein Ende bereitet hatte. Nach dem Verbot blieben keine Worte und keine Argumente mehr, sondern nur noch der wortlose Protest mit der Geste.

Der Mittelfinger
als Kommentar und
redebegleitende Geste

Üblicherweise wird der ausgestreckte Mittelfinger immer dann eingesetzt, wenn eine verbale aggressive Äußerung wie »fuck you!« oder »du nicht!« oder wie auch immer diese lauten mag, durch eine Geste der Ablehnung und der Aggression unterstützt werden soll. Der Mittelfinger-gestus ist in irgendeiner Art und Weise immer die Beendigung einer kommunikativen Handlung respektive einer kommunikativen Interaktion.

In ganz seltenen Fällen jedoch kann es geschehen, dass der Mittelfingergestus eine Funktion übernimmt, die üblicherweise nur wenig artikulierte und ausgefeilte Handgesten haben. Es handelt sich hierbei um die sogenannten redebegleitenden Gesten. Diese sind in vielen Kulturen zwar eindeutig kodifiziert, in ihrer Bedeutung aber so schwach, dass man sich ihrer Bedeutung nur selten bewusst wird. Dies gilt beispielsweise für die berühmte italienische *mano a borsa*: Man hält die Hand mit der Innenfläche waagerecht nach oben, führt alle Finger an ihren Spitzen zusammen und begleitet die eigene Aussage oder Frage damit, dass man die so geformte Hand auf und ab bewegt. Mit dieser Geste wird eine eindringliche Aussage noch zusätzlich unterstützt, ohne dass diese Handhaltung auch nur in irgendeiner Weise mit der Aussage dessen, was man sagt, in Übereinstimmung gebracht werden kann. Dies gilt in der persischen Sprache analog für den sogenannten Pinzettengriff. Hier werden Zeigefinger und Daumen aneinandergelegt und ein Ring gebildet, wenn es darum geht, etwas sehr präzise auszudrücken. Neben diesen konventionalisierten und den Rednern meist wenig bewussten redebegleitenden Gesten, gibt es eine ganze Reihe von hochstilisierten und auch systematisch erlernbaren redebegleitenden Gesten. Insbesondere die rhetorische Lehre von der *actio*, der Körpersprache des Redners also, hat hier einen ganzen Kanon von Gesten entwickelt, die den Inhalten der jeweils zu haltenden Rede angemessen sind.

Diese rhetorische *actio* ist allerdings mit den neu installierten Regeln des Einsatzes der Körpersprache seit der Renaissance in zunehmendem Maße in Vergessenheit geraten respektive außer Praxis gekommen. So geschieht es, dass heutige Redner, von ihren teuer bezahlten Stilberatern angewiesen, teilweise vollkommen neu und ohne Kenntnis der entsprechenden Traditionen eine Körpersprache erlernen müssen, die sie dann als Markenzeichen ihrer selbst in der Öffentlichkeit vorführen. Das Ergebnis ist beispielsweise die sogenannte Merkel-Raute, mit der die Bundeskanzlerin Angela Merkel ihre sonst eher wenig artikulierten und artikulierenden Hände wenigstens unter eine bestimmte Disziplin zwingt. Dass die Merkel-Raute schon gleich Frauenpower signalisieren soll oder ein heimliches Zeichen der Zuneigung zu der französischen Automobilmarke Renault ist, dürfte ausgeschlossen werden können.

Tatjana Limanovas Kommentar mit dem Mittelfinger
gegen Barack Obama, 23. 11. 2011

Die redebegleitenden Gesten sind also so etwas wie
ein Stück körpersprachlich-illustrativer Kommentar zu
dem, was man sagt. Es kann aber auch geschehen, dass
der Einsatz von Gesten, obwohl sie üblicherweise keine
redebegleitende Funktion haben, auch eine Kommentar-
funktion hinsichtlich des Gesagten haben kann. So etwa
im Falle einer Nachricht, die von der russischen Fernseh-
kommentatorin Tatjana Limanova am 23.11.2011 im russischen Fernsehen vorgetragen wurde.

Während die Nachrichtensprecherin den Namen des
US-Präsidenten Barack Obama nannte, zeigte sie gleichzeitig und redebegleitend eine verächtlich machende
Geste, nämlich den Mittelfingergestus. Ihre linke Hand
erhob sie während des Verlesens der Nachricht so, als
würde sie zu der Geste des Wegwerfens über die Schul-
ter ansetzen. Dabei formte sie ihre Hand zugleich zum
Mittelfingergestus. Mit diesem kommentierte sie gleichsam den verlesenen Namen des US-Präsidenten und tat
ihre innere Einstellung ihm gegenüber kund. Da der Mit-

telfingergestus aber nicht zur russischen Körpersprache gehört (in Russland übernimmt nämlich der nach oben ausgestreckte Daumen diese Funktion), kann es sich bei dieser Geste nur um einen Import aus den globalen Nachrichtenkanälen handeln. Tatjana Limanova hatte hier gleichsam ein Zitat aus der global mediatisierten Körpersprache der Gegenwart verwendet. Dafür wurde sie jedoch sofort von ihrem Sender suspendiert. Den diploma-tischen Schaden wollte man klein hal-ten.

VI

Das *Massen-phänomen*

Der Mittelfinger
als kollektive Äußerung

Wir haben gesehen, wie der Mittelfingergestus in der Neuzeit zum globalen Ausdrucksmittel geworden ist. Mit dem außergewöhnlichen körpersprachlichen Verhalten kann man inzwischen überall den Bruch mit der etablierten Gesellschaft signalisieren. Die Verwendung des tabubrechenden Mittelfingergestus von Leitfiguren aus Musik-, Film- oder politischer Welt stiftet Gemeinschaft zwischen jenen, die ihn zeigen, und jenen, die dies gutheißen. In der gemeinsamen Akzeptanz des Mittelfingergestus begründet sich aber auch eine Gemeinsamkeit bei jenen, die diese Aktionen wahrnehmen. Es entsteht so die Gemeinschaft aller, die den Mittelfingergestus als Ausdruck einer bestimmten kritischen Haltung der Gesellschaft gegenüber akzeptieren und ihn gleichsam als Zeichen einer gemeinsamen Körpersprache verwenden.

Das Zeigen des Mittelfingergestus übernimmt tatsächlich die elementare Aufgabe einer jeden Kommunikation: Das Wort Kommunikation bedeutet von seinem Ursprung her »in gemeinsamen Mauern zu leben«. Wenn man so will, leben also jene, die die Artikulation des Mittelfingergestus akzeptieren beziehungsweise ihn selbst vorführen eine Gemeinschaft von Kommunizierenden, die durch Verwendung gleichartiger Zeichen gleichsam ihre eigene Semiosphäre konstituiert.

*Bill Hickman, Barbara Stanwyck, Clark Gable und
unbekannter Freund zeigen >den Finger<*

Wir verfügen über einige frühe Photos, auf denen
sich Gruppen von mehreren Menschen durch gemeinsame Artikulation des Mittelfingergestus auch als Gemeinschaft der Kamera gegenüber präsentieren, etwa auf
einem Photo, auf dem Clark Gable und andere Holly-
wood-Schauspieler zu sehen sind. Alle blicken gemeinsam in die gleiche Richtung in eine Kamera und alle zeigen der Kamera gemeinsam den Mittelfingergestus.

Dabei ist es bemerkenswert, dass wir neben einer griechisch-römischen Variante 1 (mit Testikeln) und einer
griechisch-römischen Variante 2 (mit geraden Gliedern
von Ring- und Zeigefinger) auch zwei nordische Varianten des Mittelfingergestus mit aus der Faust gerecktem
Zeigefinger sehen. Die morphologische Vielfalt des Mittelfingergestus schließt also nicht aus, dass sich eine Gemeinschaft der diese Geste kommunizierenden Personen
etablieren kann.

Ein vergleichbares Photo ist aus den späten 1960er-Jah-

Brian Jones und Keith Richards von den Rolling Stones,
ca. 1968

ren von einigen Mitgliedern der Rolling Stones bekannt.
Hier sehen wir, wie Keith Richards und Brian Jones im
Swimmingpoolbereich eines Hotels in der Sonne liegend
jeweils mit einem Cocktailglas zuprosten und dem Photographen, der sie dabei photographiert, den Mittelfinger entgegenrecken. Das gemeinsame Erheben des Gla-
ses, das gemeinsame, durchaus provozierende Grinsen
in Richtung Photoapparat und die gemeinsame Vorfüh-
rung des Mittelfingergestus konstituieren hier
die Gemeinschaft der beiden Band-
mitglieder einer der erfolg-
reichsten Rockbands
der Musikge-
schichte.

Rock 'n' Roll
& Mittelfinger

Abgesehen von den vielfältigen Verwendungen des ausgestreckten Mittelfingers in der Alltagskommunikation gilt er als fester Bestandteil der visuellen Kommunikation von Rockmusikern. In zahlreichen Photos ist er als geradezu emblematische Geste für den Habitus eines Rockmusikers zu sehen. Dabei ist es nicht die Frage, ob der jeweilige Musiker diese Geste selbst spontan im Moment des Photographierens artikuliert hat, oder ob es sich hierbei um eine körperliche Selbstinszenierung handelt, die auf ein Publikum gerichtet ist, das von seinen Stars ein entsprechendes Verhalten erwartet. Tatsächlich berichten die Musiker Jeffrey und Jeff Stanton, dass ihr Manager sie bei einer Photosession im Jahre 1979 aufgefordert habe, den Mittelfingergestus zu zeigen: »our marketing man says flip, so I'm flippin«. Interessanterweise stehen beide dabei vor einem Bretterzaun, auf dem ein belangloser, auch fantasieloser, aber einschlägiger Ausspruch von Sid Vicious, dem Sänger der Sex Pistols geschrieben steht: »Fuck You«. Die Geste illustriert körpersprachlich die Schrift an der Wand.

Somit spielt bei der Präsenz des Mittelfingergestus in den Selbstinszenierungen der Protagonisten der Rock- und Beat-Kultur der rebellische Habitus der Rock- und

*Jeffrey und Jeff Stanton 1979: Der Mittelfinger als
Übersetzung der Inschrift am Zaun*

Beat-Generation eine entscheidende Rolle. Die Musik
der Rock-'n'-Roller und der Beatmusiker wurde in ihrer
Entstehungszeit jeweils als anstößig empfunden. Der Begriff des Rock 'n' Roll war zunächst eine Bezeichnung für
den Geschlechtsverkehr im afroamerikanischen Sozio-
lekt. Der Beat dagegen zeichnete sich durch eine neue
Art von Rhythmen aus. In beiden Fällen wurde Nonkonformismus als Verhalten oder dessen Inszenierung zu einem Grundcharakteristikum der neu entstehenden Jugendkultur.

Wenn wir uns das Beispiel von Elvis Presley anschauen,
der in einem Film wie *King Creole* (1958) einen *underdog*
spielt, der in New Orleans ein Leben gegen die gesellschaftlichen Strukturen lebt und leben muss, dann spü-
ren wir etwas von dieser Gegenkultur, auch wenn diese
im Film bereits auf ein für Hollywood verträgliches Maß
reduziert worden ist. Ebenso ist die Körpersprache insbesondere bei Elvis Presley, aber auch die Selbstinszenierung

von Musikern wie Jerry Lee Lewis, der das Piano während seiner Songs gelegentlich mit den Füßen spielte, vom gesellschaftlichen Establishment als anstößig und provokativ empfunden worden. Für Jugendliche hingegen hatte dieses Verhalten eine große Attraktivität. Eine Generation später, in der Generation der Beatmusiker, wurden insbesondere die langen Haare zu einem Insignium von Protest und Nonkonformismus. Dass die Jugendkultur insgesamt mit der Inszenierung von Nicht-Konformität einherging, hat natürlich auch damit zu tun, dass jede Jugendkultur eine symbolische Manifestation der Absetzbewegung von der Eltern- und Leitkultur ist. In der Zeit nach dem Zweiten Weltkrieg führte in vielen Ländern eine am US-amerikanischen Lebensstil orientierte Lebensführung zu einer Saturierung. Nach Erreichen eines gewissen Sättigungsgrades auf der Ebene des Konsums gerieten die Fragen nach dem Sinn des Daseins in den Vordergrund, heftig angefeuert von existenzialistischen und pseudo-existenzialistischen Ideologien. Zwar waren wesentliche Stichworte zum Lebensgefühl der Nachkriegsgeneration bereits gegen Ende der 1940er-Jahre als Lebensmotto und als Zustandsbeschreibung der Beat-Generation geprägt, doch erst im Laufe der 1950er-Jahre setzten sich diese Ideen und Selbstzuschreibungen vor allem unter Jugendlichen in den hoch industrialisierten Ländern deutlich erkennbar und wirksam durch. Diese Vorstellungen bedingten Konflikte mit der Elterngeneration und waren zugleich das ideologische Vehikel dieser Konflikte. Diese wurden in den verschiedenen Ländern auch auf unterschiedlichen Ebenen und Feldern ausgetragen, unter anderem auch auf der Ebene der Deutung

der historischen Hintergründe und der Folgen des Zweiten Weltkriegs sowie des Anteils der Elterngeneration an
diesem historischen Geschehen. Noch in Pink Floyds *The
Wall* (1979) geht es um die soziopsychologischen Folgen
des kriegsbedingten Verlusts von Eltern und die Auswir-
kungen einer aus Frustration geborenen elterlichen Bru-
talität gegenüber den Kindern.

Die grundsätzliche Haltung der Vertreter des Rock
war also radikal gesellschaftskritisch. Dies drückte sich
auch in der Körpersprache aus. Der ausgestreckte Mittelfinger war als besonders obszöne Geste der unmissver-
ständliche Ausdruck nicht konformistischen Verhaltens.

Als letzte, raffinierte Stufe der Präsenz des Mittelfingergestus in der Rockkultur wollen wir nun noch auf
die Berliner Hardrock-Gruppe Pothead verweisen. Anstelle von Bildern, in denen die Mitglieder der Gruppe
den Mittelfingergestus zeigen, hat sie auf ihrem Al-
bum *Pottersville* (2011) einen Song, der das
gestische Zeichen durch Text ersetzt: sein lateinischer
Titel *Digitus
Infamis.*

Warum bohrt sich Frank Zappa mit dem Mittelfinger in der Nase?

Stars der Musikszene, Stars des Rock'n'Roll, die sich alleine zum Zweck der publicity veranlasst sahen, den Stinkefinger zu zeigen, wussten auch immer, dass sie etwas taten, mit dem sie nur schwer vor dem Ansehen einer möglicherweise nicht so liberalen Öffentlichkeit bestehen konnten. Wir kennen massive Inszenierungen der Mittelfingergeste bei zahlreichen Rockstars, beispielsweise auch bei Frank Zappa, der sich ja gerade durch die Opposition zu jeglichem offiziellen Kulturbetrieb definierte. Mehrfach reckte er demonstrativ den Mittelfinger in Richtung Kamera oder zeigt ihn seinen Fans. Hier handelt es sich aber nicht um einen schadensabwehrenden Einsatz des Mittelfingers, sondern um ein Signal, um ein Zeichen an das Publikum, mit dem Zappa seinen rebellischen, alle sozialen Konventionen brechenden Habitus demonstrieren will.

Bei Frank Zappa finden wir aber auch den Versuch, eine euphemistische Variante der Mittelfingergeste zu erfinden. Es gibt ein Photo von ihm, das ihn zeigt, wie er sich mit dem Mittelfinger in der Nase bohrt. Natürlich ist dies eine Provokation. Es geht hier nicht darum, den Einsatz des Mittelfingers zu verbergen, sondern es handelt sich geradezu um eine systematische Verdoppelung

Frank Zappa: doppelte Unartigkeit

von ›Unartigkeiten‹. Bewusst soll hier wieder ein Tabu gebrochen werden: ›Anständige‹ Eltern versuchen, ihren Kindern das Nasepopeln und obszöne Gesten abzuerziehen – Zappa zeigt, was er von solchen Eltern hält.

Frank Zappa hat auch einen Songtext über diese Geste geschrieben:

»Then she gave us The Finger
(It was rigid'n stiff),
That's when The Devil, he farted,
'N she went right over the cliff!«

»Dann zeigte sie uns Den Finger
(Er war starr und steif),
Das war, als der Teufel furzte,
Und sie glatt von der Klippe stürzte!«

(Zappa: 1977)

Paul McCartney reibt sich demonstrativ mit dem Mittelfinger das Auge

Der Gestus von Zappa ist ähnlich dem, was die Berliner Band Knorkator in ihrem Song *Böse* textet:

Ich öffne gleich am 1. Dezember
Alle Türchen vom Weihnachtskalender
Ich will im Beisein anderer flüstern
Ich will im Kino mit Papier rumknistern
Mit neuen Hosen auf Bäume steigen
Mit nackten Fingern auf Menschen zeigen
In Gesprächen dazwischenplappern
Popel fressen, Fingernägel knabbern

Selbst die von ihrem Manager Brian Epstein mit dem Image der artigen Jungens ausgestatteten Beatles zeigten, noch mit konventionellem Anzug vor der *Flower-Power-*Zeit bekleidet, euphemistische Varianten des Stinkefingers.

Von thumbs up zum Mittelfinger

Im Jahre 1971 veröffentlicht Don McLean seine Platte *American Pie.* Der Text des gleichnamigen Titelsongs referiert auf eine recht verschlüsselte Weise die Geschichte der US-amerikanischen Pop-Musik vom Tode Buddy Hollys bis in die Gegenwart von ca. 1970. Hierin kam u. a. auch der Ausdruck »Helter Skelter« vor, eine Anspielung auf die Massenmorde von Charles Manson, die dieser selbst mit den Worten »Helter Skelter« angekündigt hatte. Manson hatte als charismatischer Führer seiner von eigenartigen Visionen eines zukünftigen Rassenkrieges zusammengehaltenen *family* im August 1969 eine Reihe von Morden in Auftrag gegeben, zu deren Opfern auch eher zufällig Roman Polanskis Frau Sharon Tate gehörte. Don McLean hatte sich immer geweigert, Deutungen zu seinem Song zu liefern, doch im April 2015 erklärte er aus Anlass einer Versteigerung des Manuskripts von *American Pie,* dass der Text vor allem den moralischen Niedergang des *american way of life* thematisiert: »Im Prinzip geht in *American Pie* alles in die falsche Richtung voran. Das Leben wird weniger idyllisch, ich weiß nicht, ob sie das als richtig oder falsch ansehen, aber es ist in gewisser Weise ein Song über gesellschaftliche Zustände.« Aus dieser Perspektive erklärt sich auch der Einsatz der Geste des nach oben aus der ge-

Don MacLean: Plattencover von
American Pie (1971)

schlossenen Faust gestreckten Daumens (»thumbs up«)
auf dem Plattencover: Die Geste des *thumbs up* ist vor dem
Hintergrund der von McLean gegebenen Interpretation
des Textes als ein ironischer Kontrapunkt zu den offiziellen
Visionen vom *american way of life* zu verstehen. Während
die Geste nach außen noch das »ok« signalisiert, sind die
Verhältnisse im Inneren bereits weitgehend im Niedergang
begriffen.

Die Herkunft dieser Geste ist nicht geklärt. Keinesfalls
ist sie als das Gegenteil der Geste des »Daumen-nach-un-
ten-Drehens« zu verstehen, die in der Römischen Antike
in Kampfarenen gezeigt wurde, wenn ein besiegter Gladi-
ator getötet werden sollte.

Laut dem Gestenforscher Desmond Morris haben
Kaufleute in früheren Zeiten einen Vertrag mit diesem
Zeichen abgeschlossen. In Diego Valázques' Gemälde *El*

Diego Valázques: El Almuerzo (1617)

Almuerzo (1617) erkennen wir diese Geste offensichtlich als Bestätigung der guten Qualität eines Essens, wobei bedacht werden sollte, dass das Mahl, das Velázques hier darstellt, für die damaligen Verhältnisse luxuriös war, die Spanier zudem bis heute gemeinsam von einem Teller und aus einer Schüssel essen. Mit der Präsenz der Europäer ist diese Geste dann nach Amerika importiert worden, wo sie auf noch nicht rekonstruierbaren Wegen im 20. Jahrhundert zu der *thumbs-up*-Geste wurde, die wir heute kennen.

Wahrscheinlich ist die Geste des *thumbs up* in der heutigen Bedeutung konventionalisiert worden, als es darum ging, auch unter den Bedingungen einer durch Geräuschpegel und größere Entfernung behinderten Kommunikation dem Partner mitzuteilen, dass alles in Ordnung sei und man selbst zum Einsatz bereit. Es wird vermutet, dass diese Geste in den USA in diesem Sinne modifiziert worden ist, als im Zuge des Zweiten Weltkrieges vermehrt

Hilfsflüge nach Europa und andere Maßnahmen getätigt wurden, bei denen zwischen Flieger und Bodenpersonal diese Geste zum Einsatz kam.

Es dürfte sich dabei um eine Geste handeln, die spezifisch von US-Amerikanern angelsächsischer, skandinavischer oder deutscher Herkunft verwendet wurde, denn im östlichen Mittelmeerraum, in einigen slawischen Ländern und in der arabischen Welt hat sie die gleiche Bedeutung wie der Mittelfingergestus. Für US-Amerikaner dieser Herkunft hätte es daher einen unüberbrückbaren Konflikt gleichförmiger Gesten von ganz unterschiedlicher Bedeutung (Homonymenkonflikt) gegeben.

In Nachahmung und Überwindung von der als uramerikanisch geltenden Geste *Thumbs up* auf dem Cover von *American Pie* wird auf dem Plattencover *American Fuck* der Gruppe Slag aus dem Jahre 1994 nun die ›neue‹ amerikanische Geste, nämlich der Mittelfingergestus, gezeigt.

In beiden Darstellungen ist der vorgeführte Finger in den Farben der US-Fahne angemalt: Ein weißer Stern auf blauem Grund sowie einige weiße und rote Streifen. Damit wird letztlich ein Zitat gekennzeichnet. Schon bei der Geste auf *American Pie* hatten wir es mit einem sarkastischen Kommentar zu einem schon lange nicht mehr prachtvollen *american way of life* zu tun. Wenn Slag jetzt, 23 Jahre später, den Mittelfingergestus an die Stelle des *thumbs up* setzt, ist dies zwar auch eine konventionalisierte Geste der Rockkultur, vor allem aber ist es eine politische Geste, die den *american way of life* verächtlich macht. Damit übernimmt Slag die bereits nahezu offene Kritik von Don McLeans *American Pie* und führt sie jetzt auch durch

Slag: Plattencover zu American fuck (1994)

den Stinkefinger ausgedrückt fort. Der US-amerikanische Finger wird der Welt entgegengehalten, und derselbe Finger wird den US-Amerikanern als Kommentar zu ihrer eigenen Lebensweise vorgeführt. Die Plattencover von McLean und Slag stellen keinen Gegensatz dar, sondern sie verhalten sich komplementär zueinander.

Das Übermaß des Gebrauchs des ausgestreckten Mittelfingers im US-amerikanischen Kulturraum und den von ihm beeinflussten Räumen führt allerdings dazu, dass der Aggressionswert der Geste sinkt – sie wird alltäglich. Doch nicht nur das – auch die Altersgrenzen derjenigen, die die Geste benutzen, dehnen sich aus.

Dadurch, dass immer mehr sich durch die
Geste abgrenzen wollen, wird sie
immer mehr zum harm-
losen Gemein-
platz.

Gestische Telekommunikation
auf dem Fußballplatz

Etwas Ähnliches wie beim Rock'n'Roll ist gegenwärtig nur noch bei Sportveranstaltungen zu beobachten. Dort sollen ähnliche Phänomene die Gemeinsamkeit des Publikums organisieren, die La-Ola-Welle zum Beispiel, gemeinsames rhythmisches Klatschen, Fangesänge, Fanschals hochhalten etc. etc.. Es wird dadurch Gemeinschaft in der Unterstützung der Gruppe, des Vereins oder des Einzelnen hergestellt –, und vereinzelt kann es hier auch geschehen, dass sich gegen den gegnerischen Spieler, der sich ein Foul erlaubt hat, gegen den Schiedsrichter, der sich eine Fehlentscheidung geleistet hat o. Ä., sowohl vom Feld der Spieler als auch von den Rängen ein Mittelfinger richtet.

Dies geschieht insbesondere dann, wenn bestimmte äußere Bedingungen der sozialen Interaktion und Kommunikation verhindern, dass eine pragmatische Kommunikation mit den üblichen sprachlichen Mitteln möglich ist. Im Fußballstadion begünstigen drei Faktoren den Einsatz der gestischen Kommunikation:

Erstens ist der Geräuschpegel in der Regel so hoch, dass eine störungsfreie verbale Kommunikation nicht mehr möglich ist.

Zweitens sind die Distanzen im Fußballstadion so groß, dass man sich mit verbalen Mitteln möglicherweise

Um den Schiedsrichter auf dessen Tomaten auf den Augen aufmerksam zu machen, weist der Mainzer Torwart Christian Wetklo mit dem Mittelfinger aufs Auge – ein Statement.

nicht verständlich machen kann. Mit Gestik geht das besser. Dies gilt nun gleichermaßen für taktische Anweisungen, die mit einer vereinbarten Gestensprache zwischen den Spielern einer Mannschaft ausgetauscht werden, wie für die teils nicht sehr friedfertige Kommunikation zwischen den Spielern der beiden Mannschaften. Das Problem vergrößert sich bei internationalen Begegnungen, wenn die Spieler nicht die gleiche Sprache sprechen.

Drittens trägt die kompetitive Grundstimmung dieser Sportart dazu bei, dass vermehrt Beschimpfungen und Beleidigungen zum Einsatz kommen. Dies kann nicht nur die Spieler der gegnerischen Mannschaft, sondern auch Spieler der eigenen Mannschaft treffen.

War mit den Verhaltensregeln, die in der Renaissance für den Hofmann, den *gentleman* und den *honnête-homme* erfunden worden waren, früher eine absolute Reduktion von emotionalen Äußerungen inklusive derer der Körper-

Emir Spahic, Leverkusen 04:
Dieser Finger war 15 000 € wert

sprache zur Norm geworden, und war das Betreiben von
Sport bis ins 20. Jahrhundert eine Angelegenheit der *lea-
sure class* (der Proletarier hatte täglich genügend körperliche Ertüchtigung), so wird in neuer Zeit Sport ein Spektakel der Masse und prägt ihr daher auch den proletarischen
Stempel hinsichtlich des Verhaltens auf.

15 000 Euro musste der bosnische Nationalmann-
schaftskapitän Emir Spahic vom Fußball-Bundesligisten
Bayer Leverkusen für einen Stinkefinger berappen, wegen
eines »krass sportwidrigen Verhaltens«, so das DFB-
Sportgericht. Spahic hat dem Urteil zugestimmt, das Urteil ist damit rechtskräftig. Spahic hatte am 29. März 2014
in einem Heimspiel gegen Eintracht Braunschweig in der
89. Minute den gestreckten rechten Mittelfinger in Richtung zweier Braunschweiger Spieler gezeigt. Da Schiedsrichter Guido Winkmann diesen Vorgang auf dem
Spielfeld nicht gesehen hatte, konnte der DFB-Kontroll-
ausschuss nachträglich ermitteln und Anklage erheben.

*Der portugiesische Mittelfeldspieler Raúl Meireles nach
einer roten Karte gegen einen Mannschaftskameraden:
Taktische Anweisung oder Beleidigung?*

Der Aktion von Spahic ging offenbar eine Provokation
vonseiten der Braunschweiger voraus. Hier also wurden
Kameras zu Zeugen berufen. Ähnliches sehen wir später
noch im Straßenverkehr.

In rasender Geschwindigkeit hatte sich zuvor ein
Photo von Meireles in den sozialen Netzwerken ausgebreitet, auf dem der Mittelfeldspieler von Fenerbahçe Is-
tanbul nach dem Platzverweis gegen seinen Teamkollegen
Pepe (37.) im Rücken von Schiedsrichter Milorad Mažić
beide Zeigefinger – wegen der Unschärfe des Bildes auch
als Mittelfinger zu deuten – in die Höhe streckt.

Tatsächlich soll es sich aber um eine taktische Anweisung gehandelt ha-
ben, die letztlich straffrei
ausging.

Mit welcher Hand zeigt man eigentlich den Mittelfinger?

*Bernd Schuster als Spieler bei Real Madrid,
einmal nur bras d'honneur mit links*

*... hier mit rechtem Arm und Mittelfinger
oder nur spiegelverkehrt?*

Schaut man sich Abbildungen von Gesten wie dem ausgestreckten Mittelfinger oder dem *bras d'honneurs* an, können wir feststellen, dass man diese sowohl linkshändig als auch rechtshändig ausführen kann. Die Frage ist nun, wie es dazu kommt. Dabei ist zunächst zu ermitteln, wann sich die Händigkeit unter menschlichen Primaten entwickelt hat. Nach aktuellsten Forschungen, die an Werkzeugen und Geräten des Paläolithikums durchgeführt wurden, setzte sich vor circa 500 000 Jahren in der Menschheitsentwicklung die Rechtshändigkeit durch. Wie es dazu gekommen ist, ist schwer zu erklären, zumal es bereits ältere Versuche an Schimpansen gibt, die ebenfalls Rechtshändigkeit belegen. Dies freilich an Schimpansen, die heute leben und nicht aber vor 500 000 oder noch mehr Jahren. Wir können jedoch davon ausgehen, dass schon eine geringfügige motoneuronale Anlage zur Händigkeit bei Neugeborenen durch erfolgreichen Einsatz der jeweils bevorzugten Hand zu einer rasch sich entwickelnden neuronalen Spezialisierung der rechten oder der linken Hand führt. Hier kommt in der Folge noch die soziale Kontrolle über die Verwendung der rechten Hand hinzu. Beide Faktoren: Anlage zur Lateralität und soziale Kontrolle führen dazu, dass sich die Rechtshändigkeit unter Menschen als das dominierende Schema der Verwendung der Hände durchgesetzt hat. Schon bei den ältesten Menschendarstellungen, die wir auffinden können, wird vorzugsweise mit der rechten Hand gehandelt, gearbeitet oder gekämpft. Zudem ist bekannt, dass in der hinduistischen wie in der islamischen Tradition die linke Hand als die schmutzige Hand gilt, mit der keinerlei sozial verbindliche oder verbindende Handlungen ausgeführt werden dürfen. Geht es jedoch um die Gesten und um die gestische Artikulation, scheint es so, als könnten wenigstens in der europäischen und der amerikanischen Kultur beide Arme und Hände gleichermaßen eingesetzt werden.

Ein Beispiel dafür sind Aufnahmen des Fußballprofis Bernd Schuster, der in den 1980er-Jahren als Spieler bei Real Madrid auf Photos abgelichtet ist, auf denen er während eines Siegeslaufs nach einem erfolgreichen Torabschluss die in Spanien sogenannte Geste des *corte de manga,* das heißt den ausgestreckten Unterarm, zeigt. Von Bernd Schuster sind nun wenigstens die rechts- und die linkshändige Variante dieser Geste bekannt. Es scheint bei dieser Geste also gleichgültig zu sein, ob sie mit links oder mit rechts ausgeführt wird, entscheidend ist, dass hier die symbolisierende   Inszenierung des Phallus erkannt wird.

VII

Unser
täglicher
Stinke
finger

Im Straßenverkehr

Was kostet eigentlich der Stinkefinger?

Der Automobilist ist ein kommunikationsbehinderter Mensch. Umgeben von einem hoch technisierten Gerät erkauft er große Mobilität mit einer extremen Reduktion seiner Kommunikationsfähigkeit. Nur wer sich etwa den Luxus eines Cabriolets leisten kann, bleibt auch noch mit der Umwelt auf akustischem oder optischem Kanal in direktem Kontakt.

Abgesehen von technischen Hilfsmitteln wie den Scheinwerfern, den Blinklichtern oder der Hupe steht ihm nur noch die Geste als Zeichensystem zur Verfügung, denn hinter der Windschutzscheibe ist der Mensch nur

*Liz Taylor in einem Cabriolet, fröhlich den
Mittelfinger zeigend (ca. 1968)*

Beidhändig ausgestreckter Mittelfinger bei
freihändig gefahrenen 285 km/h

noch sichtbar, aber nicht mehr hörbar. So wird die Windschutzscheibe auch zum Medium, durch das wenigstens noch mit der Körpersprache kommuniziert werden kann.

Nur wer bereit ist, auf dem Motorrad einhändige oder gar zweihändige Kunststücke zu vollführen, der kann auch den unmittelbaren Kontakt mit der sozialen Umwelt genießen, und sei es, dass diese nur noch in Form von Blitzampeln Zeugen dieser Mittelfingerartistik werden.

Mit dem Mittelfingergestus kann man zwar nicht die Kamera beleidigen, die das Photo aufnimmt. Wohl aber wird in der internationalen Rechtsprechung immer öfter davon ausgegangen, dass der auf die Kamera gerichtete Mittelfinger eigentlich der Beleidigung desjenigen dienen soll, der diese Bilder auswerten wird, die, so das Beamtendeutsch »befasste Amtsperson« also. Nur wenn man davon ausgehen kann, dass keine Bildaufnahme von einem gemacht wird, kann man Unbefangenheit und die Nicht-Vorsätzlichkeit geltend machen.

17-mal bei zu schnellem Fahren mit ausgestrecktem
Mittelfinger geblitzt und dann identifiziert

Die Preise für die Beleidigung eines Beamten mit dem ausgestreckten Mittelfinger sind in verschiedenen Ländern sehr verschieden, da der Beleidigungsgrad der Geste in verschiedenen Kulturkreisen sehr unterschiedlich bewertet wird. Allerdings wird durch die Etablierung einer globalen Kommunikationsgemeinschaft eine starke Verbreitung von Gesten bewirkt, die Internationalisierung und Globalisierung der Körpersprache schreitet zügig voran.

In Brasilien ist der *digitus impudicus* besonders teuer. Im Jahre 2004 streckte ein Pilot der *American Airlines* einem Polizisten im Bundesstaat São Paulo den Mittelfinger entgegen. Er wurde zu 13 000 $ Geldstrafe verurteilt. Das entspricht der im *Angry Traveler's Guide to Obscene Gestures,* einer parodistischen Komposition mehrerer Bilder obszöner Gesten, die im Internet als Umschlag eines angeblich existierenden Buches kursiert, als schlimmste Obszönität in Brasilien vorgestellten Geste des *corte de*

*Beidhändige Mittelfingerakrobatik beim
Vorbeifahren an einer Blitzampel*

manga. Mittelfinger und ausgestreckter Arm gelten hier als Synonym.

Günstiger kam der tschechische Premierminister im Jahre 2007 davon, nachdem er den Abgeordneten der Oppositionsparteien den Stinkefinger gezeigt hatte. Er redete sich damit heraus, dass er dem Finanzminister mit dem Mittelfinger habe andeuten wollen, dass dieser die »Nummer Eins« sei, woraufhin der entsprechende Ausschuss den Premier freisprach. So etwas ist möglich im Lande des braven Soldaten Schweijk.

Als Kunst hingegen fasste man in Prag auf, als im Jahre 2013 der Bildhauer David Černý vor den anstehenden Abgeordnetenwahlen einen überdimensionalen, lila Stinkefinger in der Moldau aufstellte, dies alles mit Blick auf den Hradschin, den Sitz des tschechischen Präsidenten. Lediglich neue Diskussionen waren die Folge, und weiterer Ruhm für den immer wieder provozierenden Künstler, der damit seinem Image treu blieb.

Erhebliche Verluste erlitt ein Schweizer im Jahre 2013, der mit seinem Auto ein Parkhaus verlassen wollte, von Fremden daran gehindert wurde und sich mit dem Stinkefinger zur Wehr setzte. Daraufhin wurde er von den Fremden so verprügelt, dass er Krankentagegeld in Anspruch nehmen musste. Die Versicherung halbierte jedoch die Beträge mit dem Argument, dass der Betroffene die Schädigung selbst mit verursacht habe, als er den Stinkefinger zeigte. Diese Kürzung akzeptierte jedoch das Sozialversicherungsgericht des Kantons Zürich nicht, weil man nicht davon ausgehen müsse, dass man für das Zeigen eines Stinkefingers gleich zusammengeschlagen wird. Dagegen entschied das Bundesgericht jedoch, »dass [das Prügelopfer] darauf in einer Art und Weise mit einer Gegenprovokation reagiert hat, die das folgende Unheil geradezu heraufbeschwor«. Zudem sei es naiv, in der heutigen Zeit zu glauben, dass man durch das Zeigen des Stinkefingers nicht zur Eskalation eines Konflikts beitrage. Im Ergebnis musste das Opfer die Halbierung seines Krankentagegelds hinnehmen.

Weniger schmerzhaft erging es James Kottak, dem Schlagzeuger der deutschen Hardrockband The Scorpions. Er ging für einen Monat im Emirat Dubai in den Knast und musste 2000 Dirham Strafe zahlen, weil er am 3. April 2014 in angetrunkenem Zustand bei einer Zwischenlandung von Moskau nach Bahrein in Dubai die muslimischen Passagiere aus Afghanistan und Pakistan mit islamfeindlichen Parolen und seinem Stinkefinger beleidigt haben soll. Natürlich dementierte er, räumte

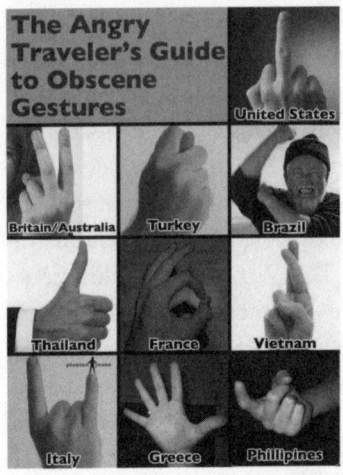

Kein Buch, aber ein netter Fake: The Angry Traveler's Guide to Obscene Gestures

aber umfangreicheren Alkoholkonsum ein und wurde dann verurteilt. Ist das Imagepflege eines Hardrockmusikers, alkoholreiche Entgleisung oder Ausdruck von Islamfeindlichkeit? In jedem Fall gilt hier »Si non è vero, è bene trovato«, selbst wenn es nicht wahr wäre, dann wäre es doch gut erfunden worden, denn es passt zum Image eines Hardrockmusikers.

Da sich Kottak nur im Warteraum des Flughafens von Dubai, nicht jedoch auf deutschen Straßen danebenbenahm, traf auch folgende Regelung nicht auf ihn zu: Bis zum 30. April 2014 konnte es in der Bundesrepublik nämlich für die Beleidigung per Mittelfinger im Straßenverkehr einen Eintrag von 5 bis 7 Punkten im Verkehrszentralregister in Flensburg geben. Dazu kam dann noch die jeweilige Strafe. Seit dem 1. Mai 2014 gibt es nur noch die Strafe, die jedoch nicht mehr in Flensburg eingetragen wird.

VIII

Medialität
Globalität

Wie der Mittelfinger in andere Kulturen kam

Der ausgestreckte Mittelfinger, das haben wir bereits erfahren, ist nicht auf der ganzen Welt verbreitet, oder er war es wenigstens nicht. Er kommt aus dem antiken Mittelmeerraum. Doch schon in der Antike könnte es zu Übernahmen des Stinkefingers durch die Germanen gekommen sein, falls diese nicht selbst eine vergleichbare Geste nutzten. Im Zuge einer ersten partiellen Globalisierung, nämlich der Hellenisierung und der Romanisierung der Mittelmeerwelt, hat sich diese Geste dann weiter ausgebreitet und offenbar auch regionale Veränderungen erfahren. Mit der transatlantischen Globalisierung wurde sie auch in die Neue Welt gebracht, wo sie spätestens im 19. Jahrhundert in Nordamerika als Ergebnis italienischer Immigration festgestellt werden kann.

Von hier aus gelangte sie erneut nach Europa, wo sie bereits unter dem Eindruck frühneuzeitlicher Höflichkeitsregeln eine Zeit lang außer Gebrauch gewesen zu sein scheint. Mit der Herausbildung einer globalen Kommunikationsgemeinschaft, die vor allem auch globalisierte Kulturgüter wie das Kino, den Fußball, die Rockmusik etc. konsumierte, wurde die Mittelfingergeste als Ausdruck rebellischen Lebensstils weltweit verbreitet. Dabei trat sie in Konkurrenz zu bereits vorhandenen aggressiven und zumeist phallischen Gesten, die bereits autochthon entwickelt und einheimisch waren.

Diese globale Ausbreitung hat erstmals Nicolas Demeersman mit seinem Photoprojekt *Fucking Tourist* zu demonstrieren versucht: Hier sehen wir kubanische Zuckerrohrarbeiter neben peruanischen Frauen, balinesischen Reisbauern, europäischen Touristen, indischen Frauen, chinesischen Motorrollerfahrerinnen, bolivianischen indigenen Priestern, Native Americans aus den USA etc. etc., die alle ihren ausgestreckten Mittelfinger vorführen.

Diese Geste breitet sich durch die modernen Kommunikationskanäle heute immer schneller aus. Wer sich beispielsweise von den Fußballereignissen angezogen fühlt und dies zeigen will, wer in Ländern wie Singapur oder Indonesien im Fanklub von Manchester United oder anderen Vereinen mit diesen Mannschaften fiebert, wird sich verhalten wollen wie ein Fußballspieler oder ein Fan von Manchester United in England. Das beginnt mit dem Kauf des Mannschaftstrikots und das endet nicht mit dem Gebrauch des ausgestreckten Mittelfingers, wenn es darum geht, seine Ablehnung der gegnerischen Mannschaft zu demonstrieren. Und die Vereine tun alles dafür, dass sich der Fußball zielgerichtet in den verschiedensten Weltregionen ausbreitet. So werden beispielsweise japanische Fußballtalente in Europa unter Vertrag genommen, damit sie erstens ihre fußballerischen Leistungen aufs Feld bringen können ... und damit zweitens das Merchandising der eigenen Vereinsprodukte in Japan vorangebracht werden kann. Und so klärt sich auch rasch die Frage auf, weshalb denn die Homepage der Deutschen Fußballliga neben einer englischen Variante (für die Fans

Ein griechisch-römischer Mittelfinger für lästige Verehrer in Japan: Die japanische Schauspielerin Hikari Mitsushima als Yoko – in Love Exposure (2008) von Sion Sono

in Südostasien), einer polnischen (Miroslav Klose, Robert Lewandowski und Lukas Podolski sei Dank), auch in einer japanischen Variante angeboten wird.

Auch andere Wahrnehmungskanäle wie etwa die Rockmusik tragen zur Verbreitung bei. In Asien zum Beispiel, speziell in Japan, war der Stinkefinger früher gänzlich unbekannt – jetzt ist die Geste schon weitverbreitet, wie ein Auftritt von Hikari Mitsushima in dem Liebesepos *Love Exposure* belegt.

Es gibt zwischen dem globalen Import der Mittelfingergeste und der japanischen Tradition einen massiven Konflikt, weil es in Japan eine Geste gibt, die genauso ausgeführt wird wie der europäisch-amerikanische Stinkefinger, jedoch die Bedeutung ›Großer Bruder‹ (兄 = »ani«) hat.

In Japan wird schon Kindern beigebracht, dass der Daumen der ›Vaterfinger‹, der Zeigefinger der ›Mutterfinger‹, der Mittelfinger der ›Bruderfinger‹, der Ringfin-

»Bruder« in
der japanischen
Gebärdensprache

»Geschwister« in
der japanischen
Gebärdensprache

ger der ›Schwesterfinger‹ und der kleine Finger der ›Ba-byfinger‹ ist. Dieser Sinnzuweisung bedient sich dann auch die japanische Gebärdensprache.

Wie in der europäischen Tradition repräsentieren die Finger also auch hier den Menschen, jedoch dürfte auf-grund des traditionellen japanischen Tabus, beziehungs-weise von Zensurgesetzen aus der Meiji-Periode (2. Hälfte des 19. Jahrhunderts bis zum Beginn des 20. Jahrhunderts), wonach Geschlechtsteile nicht dargestellt werden dürfen (nicht einmal in japanischen pornographischen Darstel-lungen sind diese zu sehen), auch der Mittelfinger als Re-präsentation des Phallus nicht zulässig sein.

Entsprechendes gilt für das Vorzeigen von zwei Mit-telfingern. Dies bedeutet nicht etwa die Verstärkung ei-nes gestischen Maledikums, einer Schimpfgeste also, sondern ist der Ausdruck eines Plurals in der Bedeutung »Geschwister« (兄弟 = »kyoudai«).

Kann eine Stinkefinger-SMS beleidigen?

Und wo wir schon bei der globalen Verbreitung des Stinkefingers sind, sei noch die folgende Frage erlaubt: Wäre eine SMS etwa folgenden Inhalts justiziabel?

凸(°‿°)凸

Der Text ist mit Zeichen aus dem japanischen True Type Font MS Mincho gebildet. Man könnte diese Zeichenfolge und die darin erkennbare Mittelfingergeste nun noch beliebig variieren und dadurch verschärfen oder abschwächen:

凸(°‿°)凸

凸(×‿×)凸

凸(°o°)凸

凸(° ͜ °)凸

凸(▸‿◂)凸

Das Zeichensystem ist japanisch – ein Kulturkreis, in dem es den ausgestreckten Mittelfinger als beleidigende

Geste ursprünglich nicht gab. Die Wirkung dieser Kombination von Zeichen (und damit möglicherweise auch die justiziable Beleidigung) kommt dennoch aufgrund der Wahrnehmungsbesonderheit zustande, dass wir für das Erkennen von Gesten wie von Mimik nur ganz wenige Elemente benötigen.

Wir erkennen sofort, dass wir mit diesen graphischen Simulationen des ausgestreckten Mittelfingers eine vollkommen verschiedene Semantik erzeugen, und zwar alleine dadurch, dass die aus typographischen Zeichen gebildeten Schemata von Gesichtern und Mimiken das Spektrum von >fröhlich< und >lustig< bis >ärgerlich< und >zornig< umspannen. Wie es kommt, dass wir sogar einfachste graphische Zeichen bei entsprechendem Arrangement als Gemütsausdruck, wie Darwin sagen würde, verstehen, hat mit der von Menschen frühzeitig erlernten Fähigkeit zu tun, Gesichtsausdrücke anderer zu identifizieren und für das eigene Handeln zu deuten. Durch den Blickkontakt, den wir üblicherweise (jedoch mit weitgehender Ausnahme der Autisten) bereits als Neugeborene suchen, nehmen wir auch die die Augen umgebenden Schemata der Gesichtsausdrücke wahr und erlernen ihre Bedeutung, indem wir Gesichtsausdruck und Verhalten der entsprechenden Person miteinander kombinieren und als absichtliche Willensäußerung interpretieren. Mehrere Hundert Gesichtsmuskeln sorgen für das fein abgestimmte Minenspiel, von dem wir im Laufe unseres Lebens je nach Sensibilität und nach sozialer Codierung des Minenspiels mehr oder weniger zahlreiche Varianten erlernen. Um nun Mimiken zu erkennen, braucht es maximal der graphischen Daten eines Smileys, die verschiedenen Emotionen auszudrücken und diese auch zu erkennen. Wir benötigen nämlich nicht konkrete Gesichter, um Emotionen zu erkennen, sondern es reichen ganz wenige Daten, um schon ein bedeutungsvolles Minenspiel wahrzunehmen.

Das ist nun auch das Geheimnis der Stinkefinger-SMS: Je nach mimischem Kontext erscheint diese, erzeugt aus ganz wenigen graphischen Mitteln, eher als die augenzwinkernde Provokation eines Freundes oder als eine hasserfüllte Nachricht. Selbst wenn diesen Zeichenstrings nun noch das Malediktum »fcky« hinzugefügt würde, dann dürften in den beiden ersten Fällen die ausgestreckten Mittelfinger eher als eine Art freundschaftlicher Neckerei zu verstehen sein, während es in den letzten drei Fällen sich möglicherweise um mehr ernst zu nehmende Injurien handelt. Der ausgestreckte Mittelfinger allein hat keine absolute Bedeutung, sondern er wird durch weitere, ihn begleitende Zeichen in seiner Bedeutung kontextualisiert und damit auch modifiziert.

Auch die Stinkefinger-SMS erzeugt in uns das Wahrnehmungsbild eines gegen uns ausgestreckten Mittelfingers. Danach stellt sich die Frage, ob nur ein wirklich gegen uns gerichteter Mittelfinger, das Photo oder die Zeichnung eines solchen oder die genannte Stinkefinger-SMS rechtlich relevante Handlungen sind. Nach gegenwärtiger Rechtsprechung ist jedenfalls vom Einsatz der Stinkefinger-SMS abzuraten, vor allem wenn man mit dem Adressaten im Streit liegt.

Epilog
Auf dem Weg zur gattungsübergreifenden Stinkefingerkommunikation?

In Shimla (Indien) koexistieren die dortigen Affen mit den Menschen selbst in sehr dicht besiedelten Gebieten. Im April 2015 ist es nun geschehen, dass ein junger Mann, der sich in einer Einkaufspassage von einem der dort herumturnenden Affen belästigt fühlte, diesem den Stinkefinger zeigte. Er wurde von dem Affen sofort angegriffen, der ihm ins Gesicht sprang und ihn umriss, was im Video einer Überwachungskamera aufgezeichnet wurde. Hier kann man nun fragen, ob der Stinkefinger auch unter unseren nächsten Verwandten, den Affen, bekannt ist. Immerhin weiß man, dass Affen den Blick in die Augen als Aggression verstehen und entsprechend beantwor-

Junger Inder zeigt in einer Einkaufspassage in Shimla einem Affen den Mittelfinger, April 2015

ten. Ob dies nun auch für den ausgestreckten Mittelfinger gilt, ist noch nicht bekannt. Aber vielleicht zeigt uns das Video aus der Einkaufspassage, dass wir nicht nur auf dem Weg zu einer globalen Kommunikation mittels *digitus impudicus* sind, sondern auch gattungs-
übergreifende Kommunikation
hierdurch befördert
wird.

Literatur

Aristophanes, *Die Wolken,* Bridefert: 1850 = Bridefert: *Glossae* zu Pseudo-Beda: *De loquela per gestum digitorum et temporum ratione,* in: *Patrologia Latina* XC, ed. Migne, Paris 1850.

Lothar-Günther Buchheim: *Das Boot,* München 1973.

Conley, Thomas: *Toward a Rhetoric of insult,* Chicago 2010

Corbeill, Anthony: *Nature Embodied: Gesture in Ancient Rome,* Princeton University Press, 2003.

Diccionario de Autoriedades: 1732 = Real Academia Española: *Diccionario de la lengua castellana, en que se explica el verdadero sentido de la voces, su naturaleza y calidad, con las phrases o modos de hablar, los proverbios o refranes, y otras cosas convenientes al usa de la lengua,* vol. III, Madrid 1732, 44–45. Artikel: *Dedo.*

Diogenes Laertius: 1955 = Diogenes Laertius: *Leben und Meinungen berühmter Philosophen,* ed. Apelt, 2 vols., Berlin 1955.

Ende, Rolf von: *Circenses. Spiele auf Leben und Tod,* Berlin 1988, 81

Eibl-Eibesfeldt, Irenäus: *Grundriss der vergleichenden Verhaltensforschung.* München / Zürich [8]1999.

Furetière, Antoine: *Dictionnaire Universel contenant generalement tous les mots françois tant vieux que modernes,* vol. I, Paris 1690.

Gauger, Hans-Martin: *Das Feuchte und das Schmutzige. Kleine Linguistik der vulgären Sprache,* C.H. Beck, München 2012, S. 71.

Groddek, Georg: *Der Mensch als Symbol,* Wien 1933.

Goethe: *Über die Priapea. Principi Augusti,* in: Bernhard Kytzler ed.: *Carmina Priapea. Dichtungen und Nachdichtungen an den Gartengott,* München / Zürich 1978.

Gross: 1969 = K. Gross: *Finger,* in: *Reallexikon für Antike und Christentum. Sachwörterbuch zur Auseinandersetzung des Christentums mit der Antiken Welt,* vol. VII, Stuttgart 1969, 909–946.

Hechert, Gaby: *Wer trägt des Pfaffen Scham am Hut? Deutungen erotischer Tragezeichen aus literarischen und rechtlichen Perspektiven,* in: Johan H. Winkelman, Gerhard Wolf (Hrsg.): *Erotik, aus dem Dreck gezogen,* Amsterdam 2004, 91 ff.

Isidor von Sevilla: 1859 = Isidor von Sevilla: *Etymologiarum libri XX,* in: *Patrologia Latina* LXXXII, ed. Migne, Paris 1859.

Krauss, Friedrich Salomon: *Die Anthropophyteia im Sprachgebrauch der Völker,* in: *Anthropophyteia* Band 2, Dresden 1905, 1–25.

Kuckenburg: 1996 = Martin Kuckenburg: *... und sprachen das erste Wort. Die Entstehung von Sprache und Schrift. Eine Kulturgeschichte der menschlichen Verständigung,* Düsseldorf 1996.

Kytzler, Bernhard ed.: *Carmina Priapea. Dichtungen und Nachdichtungen an den Gartengott,* München / Zürich 1978.

Lakoff, George Lakoff / Mark Johnson: *Metaphors We Live By,* University of Chicago Press, 1980. (Deutsche Übersetzung: *Leben in Metaphern. Konstruktion und Gebrauch von Sprachbildern,* 4. Aufl. Heidelberg: Carl-Auer-Systeme-Verl., 2004.

Martial: *Épigrammes,* ed. Izaac, vol. I, Paris 1930.

Neumaier, Wilfried: *Antike Rhythmustheorien: historische Form und aktuelle Substanz,* Benjamins 1989.

Persius: *Die Satiren,* ed. Seel [1950], München 21974.

Petronius; 1995 = Petronius Arbiter: *Satyricon,* ed. Müller/Ehlers/ Holzberg, Zürich 41995.

Priapea: 1978 = Carmina Priapea: *Dichtungen und Nachdichtungen an den Gartengott,* ed. Kytzler / Fischer, Zürich/München 1978.

Rabelais, François: *Pantagruel,* in: id.: *Œuvres complètes,* ed. Boulenger / Scheler, Paris 1955.

Wagner, Max Leopold: *Phallus, Horn und Fisch. Lebendige und verschüttete Vorstellungen und Symbole, vornehmlich im Bereich des Mittelmeerbeckens,* Romanica Helvetica, Bern 1937.

Vorberg, Gaston: *Glossarium Eroticum,* Hanau 1965.

Flau 1997 = Wilfried Flau: *Sabines Schwangerschaft,* in: *Das Magazin,* 11, 1997, 32–36.

Zappa, Frank: *Titties & Beer,* 1977.

Seite 10 © Skripta TV; https://www.youtube.com/watch?v=MEUWxNifJJ8 | © unbekannt; https://en.wikipedia.org/wiki/Phallus#/media/File:0007MAN-Herma.jpg | Seite 11 © Skripta TV; https://www.youtube.com/watch?v=MEUWxNifJJ8 | © Ai Weiwei | Seite 12, 13 © Prof. Dr. Reinhard Krüger | Seite 24 © unbekannt; http://www.theoi.com/Gallery/F39.1.html | Seite 28 © Coop. Archeologica Le Orme dell'Uomo; http://www.rupestre.net/alps/img/maur.gif | © Coop. Archeologica Le Orme dell'Uomo; http://www.rupestre.it/tracce/imma2004/fdnvandals.jpg | Seite 30 © Henschel-Verlag, Berlin/DDR, Ende, Rolf von: Circenses. Spiele auf Leben und Tod, Berlin 1988, S. 81 | Seite 33 © unbekannt; https://upload.wikimedia.org/wikipedia/commons/thumb/a/a6/Pompeiian_phallus._c.1-50_AD.JPG/260px-Pompeiian_phallus._c.1-50_AD.JPG | Seite 34 © unbekannt; https://de.wikipedia.org/wiki/Datei:Pompeji_Penis_Sign.jpg | Seite 35 © unbekannt; https://upload.wikimedia.org/wikipedia/commons/

Bildnachweis & Fundstellenverzeichnis

thumb/a/ac/Antiochia_-_House_of_the_Evil_Eye.jpg/390px-Antiochia_-_House_of_the_Evil_Eye.jpg | © unbekannt; http://41.media.tumblr.com/tumblr_m8do6olYAy117k3tso1_1280.jpg | Seite 50 © Bettmann/CORBIS; http://static.deathandtaxesmag.com/uploads/2013/04/u2052716.jpg | © Bravo (Bauer Xcel Media Deutschland KG), Prof. Dr. Reinhard Krüger | Seite 51 © 1994 Bettmann; http://photos1.blogger.com/img/163/2384/400/rocky.jpg | Seite 54 © Prof. Dr. Reinhard Krüger | Seite 57 © Raúl Ortega; Prof. Dr. Reinhard Krüger | Seite 59 © Fabrice Coffrini/AFP/Getty Images; http://www.theguardian.com/sport/2010/apr/29/mark-cavendish-sticks-fingers-up | Seite 60 Szenenfoto aus The Hobbit, MGM 2012 | http://www.moviepilot.de/news/bilbo-beutlin-zeigt-den-stinkefinger-125657 | Seite 61 © Getty Images; http://www.independent.co.uk/news/uk/home-news/my-dear-you-are-ugly-but-tomorrow-i-shall-be-sober-and-you-will-still-be-ugly-winston-churchill-tops-8878622.html# | © http://www.speechbuddy.com/blog/speech-disorders-2/winston-churchills-dentures/ | Seite 63 © Wilder Penfield; http://mycerebellarstrokerecovery.files.wordpress.com/2012/10/penfield-homunculus1.jpg | Seite 64 aus: Irenäus Eibl-Eibesfeld: Grundriß der vergleichenden Verhaltensforschung. Piper, München 1967 | Seite 65 © unbekannt; http://mainstreetdigest.com/wp-content/uploads/2015/07/haka-2.jpg | Seite 66 © unbekannt; https://smellthewind.files.wordpress.com/2014/10/scimmia-faccia-buffa.jpg| © unbekannt; Prof. Dr. Krüger | Seite 67 © Skysport; http://www.blitzquotidiano.it/wp/wp-wp-content/uploads/2014/03/dela_39201_immagine_obig.jpg|Seite 68 © unbekannt; http://www.thefrontpage.it/wp-content/uploads/2010/04/prodi-pernacchia-300x246.jpg|Seite 69 © busyminds.ae; http://www.fotosearch.com/CSP364/k3645650/|Seite 72 © Howard Miller 1942; https://en.wikipedia.org/wiki/File:We_Can_Do_It!.jpg | © unbekannt; https://en.wikipedia.org/wiki/File:TOGETHER_WE_CAN_DO_IT_-_KEEP_%60EM_FIRING_-_NARA_-_515856.jpg | Seite 73 © Anto Quahadi; https://upload.wikimedia.org/wikipedia/commons/a/a0/Coat_of_arms_of_Kupres._Bosnia_and_Herzegovina.jpg|Seite 74 Szenenfoto aus I Vitelloni, Produktion Peg / Cité 1953 | http://www.ilgiornale.it/sites/default/files/foto/2012/08/24/Alberto_Sordi.JPG | © unbekannt; http://www.finanzaonline.com/forum/attachments/small-cap/2106429d1434102593-cti-quale-futuro-toto-ombrello.jpg | Seite 75, 76 © Prof. Dr. Reinhard Krüger | Seite 78 © unbekannt; https://derpiboo.ru/39127 | Seite 80 © unbekannt; Prof. Dr. Reinhard Krüger | © Archäologisches Nationalmuseum Athen; https://upload.wikimedia.org/wikipedia/commons/9/97/NAMA_Phallus_ail%C3%A9.jpg | © unbekannt; Prof. Dr. Reinhard Krüger | Seite 82 © Steven Meisel (Photo) / Warner Brothers (Produktion); Prof. Dr. Reinhard Krüger | Seite 85 Szenenfoto aus dem Film Titanic von James Cameron. (Produktion 20th Century / Paramount 1997) | Seite 89 © Kunsthistorisches Museum Wien; Prof. Dr. Reinhard Krüger | Seite 99 © unbekannt; http://sailortwain.com/files/2012/03/boston.jpg | © unbekannt; http://sailortwain.com/files/2012/03/boston.jpg | Seite 101 Szenenfoto aus dem Film Speedy (Produktion Paramount 1928) | Seite 102 © unbekannt; http://media.oregonlive.com/oregonian/photo/2013/07/13132781-standard.jpg | Seite 104 © unbekannt; http://theselvedgeyard.files.wordpress.com/2009/12/marlon-brando-godfather-bird.jpg?w=700 | Seite 105 © Jim Marshall; http://nme.assets.ipccdn.co.uk/images/SnapGalleries180311.article_x4.jpg | Seite 112 © unbekannt; http://www.playle.com/pictures/SCVIEW210664.jpg | © unbekannt; https://doctorbulldog.files.wordpress.com/2008/07/bush-finger.jpg | Seite 113 © unbekannt; Prof. Dr. Reinhard Krüger | © unbekannt; http://www.teaparty.org/wp-content/uploads/2014/11/Obama-Middle-FInger.jpg | Seite 115 © Titelseite Süddeutsche Zeitung Magazin; Fotograf Alfred Steffen; http://twitter.com/peersfinger/status/379296752555139072/photo/1 | © DAPD; http://www.spiegel.de/wirtschaft/soziales/bild-729169-151482.html | Seite 117 © Corbis; https://s-media-cache-ako.pinimg.com/736x/2b/03/2d/2b03a6c7cba9ba43cfac7c0f52780a46.jpg | Seite 119 © unbekannt; https://s-media-cache-ako.pinimg.com/736x/9e/41/13/9e411361b538775f55e0416affbde551.jpg | Seite 120 © unbekannt; https://s-media-cache-ako.pinimg.com/236x/aa/20/a1/aa20a1928235bf35682cfdf8233ce7f1.jpg | © unbekannt, Prof. Dr. Reinhard Krüger | Seite 122 © unbekannt; http://nSammlunge.gwu.edu/NSAEBB/NSAEBB453/givingTheFinger.jpg | © unbekannt; http://www.usspueblo.com/Prisoners/images/img0272.png | Seite 123 © unbekannt; http://www.usspueblo.com/Prisoners/images/img0299.png | Seite 125 © Maurice Berho; http://images.midilibre.fr/images/2012/05/28/m-injurier-depuis-l-anonymat-des-gradins-c-est-facile_402387_510x255.jpg|Seite 128 © REN-TV; https://www.youtube.com/watch?v=YXknTN-6Ues | Seite 134 © unbekannt; https://s-media-cache-ako.pinimg.com/736x/c5/6c/1a/c56c1a145858336e70a827e230a807ceb.jpg | Seite 135 © Bob Bonis; https://www.pinterest.com/pin/259449628505141648/ | Seite 137 © Henry Diltz/CORBIS; https://theselvedgeyard.files.wordpress.com/2009/12/d2006826.jpg?w=700 | Seite 141 © unbekannt; http://www.themiddlefinger.com/the-finger-frank-zappa/ | Seite 142 © unbekannt; http://www.feelnumb.com/2013/09/01/rock-stars-flipping-the-bird-part-1/#lightbox/5/ | Seite 144 © unbekannt; Prof. Dr Reinhard Krüger | Seite 145 © Eremitage St. Petersburg; https://es.wikipedia.org/wiki/El_almuerzo_%28Vel%C3%A1zquez%29#/media/File:Diego_Vel%C3%A1zquez_016.jpg|Seite 147 © Judy Wildman; Prof. Dr Reinhard Krüger|Seite 149 © unbekannt; http://www.n-joy.de/leben/mittelfinger117_v-vierspaltig.jpg | Seite 150 © unbekannt; http://bilder.bild.de/fotos-skaliert/bayer-leverkusen-emir-spahic-zeigt-den-mittelfinger-37789048-35282568/5,w=650,c=0.bild.jpg | Seite 151 © unbekannt; aus: Twitter/Football_Tweet; http://images-dcn.n24.de/image/4919028/1/large/16x9/x3v/stinkefinger-meireles620x349.jpg | Seite 152 © unbekannt; https://c2.staticflickr.com/4/3268/3082395208_dce2a18b4a.jpg | © unbekannt; http://www.cules.dk/wp-content/uploads/2013/03/schuster.jpg | Seite 157 © Michael Tighe; http://www.anorak.co.uk/wp-content/uploads/2012/02/elizabeth_taylor_finger.jpg | Seite 158 © unbekannt; http://www.carpassion.com/forum/uploads/monthly_12_2005/post-23136-14435308769852_thumb.jpg | Seite 159 © unbekannt; http://img.welt.de/img_/bildergalerien/crop106254264/0199739345-ci3x2l-w540/title.jpg | Seite 160 © unbekannt; Prof. Dr. Reinhard Krüger | Seite 162 © Jeff Wysaski; http://www.pleated-jeans.com/2011/01/12/the-angry-travelers-guide-to-obscene-gestures/ | Seite 167 © Rapid Eye Movies; http://www.kulthit.de/bilder/love-exposure/610/5326/ | Seite 168 beide © unbekannt; http://kotaku.com/this-is-not-fuck-you-in-japanese-sign-language | Seite 172 © unbekannt; https://www.youtube.com/watch?v=NxlLxMAaK3E